한 권으로 끝내는 맞춤법과 문해력

받아쓰기 척척
+ 속담 100

금해랑 지음

한 권으로 끝내는 맞춤법과 문해력

받아쓰기 척척 + 속담 100

지은이: 금해랑

속담 그림: 민동휘

디자인: 코리아프린테크

펴낸곳: 해랑한국어(Haerang's Korean)

펴낸이: 김혜영

출판등록: 2019년 9월 16일 제 2019-000107호

전화: 070-8064-3403

팩스: 0504-295-6194

전자우편: haerangskorean@gmail.com

인쇄: 2024년 7월 30일 1판 1쇄

책 내용의 전부 또는 일부를 재사용하려면 반드시 저자와 출판사의 동의를 받아야 합니다.
저작권법에 의해 보호를 받는 저작물이므로 무단 전제와 복제를 금합니다.
ⓒ 금해랑, 해랑한국어(Haerang's Korean)

ISBN 979-11-91630-04-6

지은이 **금해랑**

- 고려대학교 국어국문학과 졸업
- 한국어교원 2급
- 30여 년간 한글, 국어, 한자 등의 교재 개발
- 『어린이와 문학』으로 등단
- 서울문화재단 창작 기금 지원 사업에 선정되어 『꽃들은 어디로 갔을까』 발간
- 『바람이 떠드는 바람에』, 『또박또박 세고 재는 말』,
  『말랑말랑 동시로 시작하는 초등 인물 한국사』,
  『콩알들이 두런두런 머리 맞대고 두런두런』, 『한글 천재 만드는 2020 한글 떼기 한글 빅뱅』,
  『한글 척척 쓰기』, 『한글 떼고 처음 읽는 책 한글 척척 읽기』 발간
- 초등학교 국어 교과서에 「나도 모르는 나」 동시 수록
- 2시간 만에 한글 읽기 체험 운영
- 해피투씨유 언어지능/국어 자문위원
- 유아동 교육 플랫폼 아이쿠카 '똑똑한 맞춤법 공부' 진행
- 금해랑한국어한자교육연구소 대표

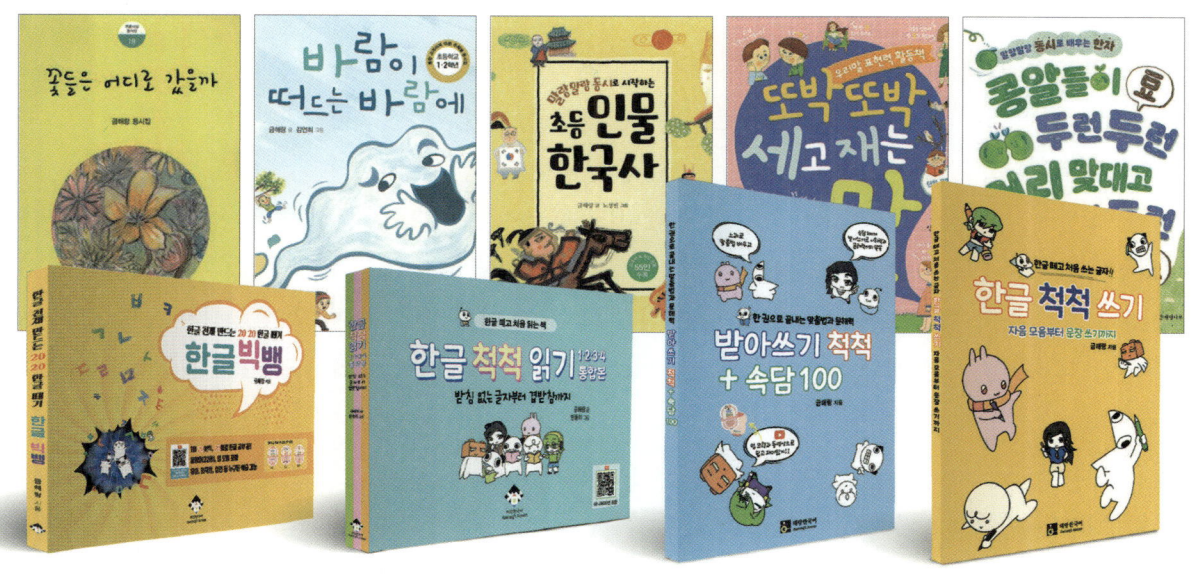

언어 공부에는
많은 연습이 필요합니다.

하지만 무조건 외우기보다
원리를 알고 체계적으로 공부해야 합니다.

연습이 학습자의 몫이라면
쉽고 바르게 알려 주는 것은 가르치는 자의 몫입니다.

가장 좋은 교사는 학습자 자신입니다.
학습자가 스스로 깨칠 수 있도록 교재를 구성했습니다.

책을 펴내며

한글은 한국어 소리의 특징을 반영하여 과학적으로 창제된 소리글자입니다. 하지만 같은 소리를 다르게 쓰기도 하고(낫 낟 낮 났), 소리가 변하는 경우가 많습니다.(낱말[난말], 많다[만타]) 표기와 발음이 일치하지 않으니 받아쓰기가 어렵습니다.

표기와 발음이 왜 일치하지 않을까요?

발음은 최대한 쉽고 편하게 하려고 합니다. 발음 과정에서 유음화, 비음화, 격음화, 구개음화 같은 음운 현상이 일어납니다. 반면에 표기법은 뜻을 명확하게 보여주기 위해 형태소를 밝혀 쓰도록 되어 있습니다. 발음은 편의성 우선이고, 표기는 표의성 우선이다 보니 발음과 표기가 일치하지 않는 경우가 빈번하게 발생합니다.

받아쓰기를 잘하기 위해서는 어떻게 해야 할까요?

첫째, 초성·중성·종성의 정확한 발음을 알고 바르게 읽어야 합니다. 바르게 읽을 수 없으면 바르게 쓸 수 없습니다.

둘째, 한국어 소리와 음운 규칙을 알아야 합니다. 한국어 소리의 특징과 조음점을 알면 음운 규칙을 쉽게 이해할 수 있습니다. 원리를 모른 채 외우기로 학습하면 금세 잊어버리게 됩니다.

셋째, 형태소의 개념을 알아야 합니다. 표기할 때 소리 나는 대로 쓰지 않고 형태소를 밝혀서 쓰기 때문입니다. 학습자가 형태소란 용어를 알 필요는 없지만 표기법의 원리를 알아야 바르게 쓸 수 있습니다.

받아쓰기를 잘하기 위해서는 반복해서 쓰기 연습을 하는 수밖에 없을까요? 반복 쓰기를 통해 발음과 표기의 관계를 알아내기란 쉽지 않습니다. 학습자가 발음과 표기의 관계를 직관적으로 이해하도록 다양한 장치를 마련했습니다. 발음과 표기의 관계를 알면 받아쓰기뿐만아니라 국어 음운론, 외국어 공부에도 많은 도움을 받게 됩니다.

해랑한국어는 원리 이해를 통해 최소의 학습으로 최대의 효과를 보는 공부를 지향합니다. 소리를 통해 단기간에 한글을 떼게 하는 『한글 빅뱅』과 한글 읽기를 체계적으로 연습할 수 있는 『한글 척척 읽기』에 이어 한글 쓰기 교재를 출간하게 되었습니다. 외워 쓰는 받아쓰기 공부가 아니라 쉽지만 깊이 있는 받아쓰기 교재를 만들고자 했습니다. 국어 공부, 나아가 언어 공부에 도움이 되길 소망합니다.

2024년 여름에
금해랑

받아쓰기를 쉽게 배우기 위한 2가지 조건

첫째, 문장을 정확하고 빠른 속도로 읽을 수 있어야 합니다.

글을 많이 접해 본 학습자는 맞춤법 원리를 쉽게 터득합니다. 읽기가 충분하지 않은 학습자들은 표기와 발음이 일치하는 쉬운 글자 쓰기에서도 어려움을 겪습니다.

한글을 빠른 속도로 정확하게 읽는 힘이 부족하다면 먼저 읽기 능력을 키워 줘야 합니다. 특히 거센소리, 된소리, 이중 모음, 겹받침, 소리가 변하는 글자 읽기를 어려워하는 경우가 많습니다. 읽기 연습이 부족하면 『한글 척척 읽기』를 통해 먼저 읽기 연습을 충분히 하기를 권합니다.

둘째, 글자를 빠르게 쓸 수 있는 운필력이 있어야 합니다.

운필력이 부족하면 쓰는 데 시간이 오래 걸리고, 쓰기에 흥미를 잃게 됩니다. 처음에는 크레파스나 색연필, 4B 연필 등을 쓰는 것이 좋습니다. 색칠하기와 같은 소근육을 발달시키는 활동을 통해 운필력이 강해지도록 합니다.

자음과 모음, 음절 글자, 단어, 문장 쓰기 연습이 필요한 학습자를 위해 받아쓰기 앞 단계인 『한글 척척 쓰기』를 제작했습니다. 글자 쓰기 연습을 하면서 소리와 문자의 관계를 직관적으로 인식하도록 했습니다.

받아쓰기를 처음 해 본 학습자들의 오류 유형

한글을 막 떼고 한글 읽기 연습이 충분하지 않은 학습자의 받아쓰기 오류

1 ㅣ ㄱ ㄷ ㄹ 등 자모 글자의 방향
2 표기와 발음이 일치하는 글자 쓰기
3 조사, 어미 등의 연음
4 소리가 달라지는 글자

⇨ 표기와 발음이 다른 글자뿐만 아니라 자모 쓰기, 소리 나는 대로 쓰기 등도 어려워합니다.

한글 읽기를 충분히 한 학습자의 받아쓰기 오류

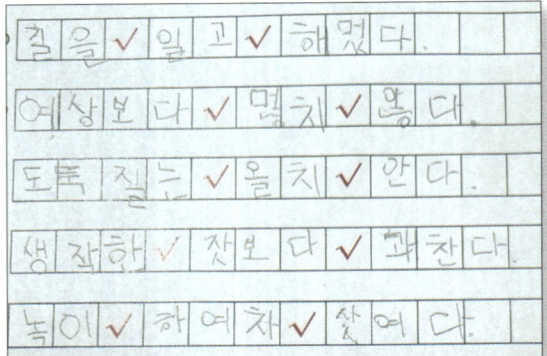

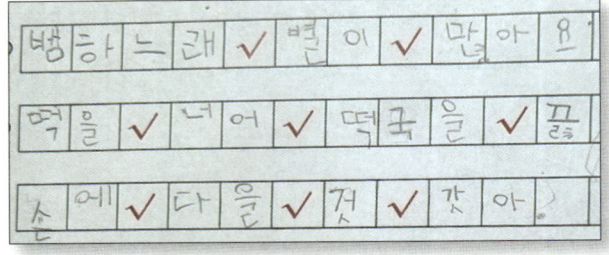

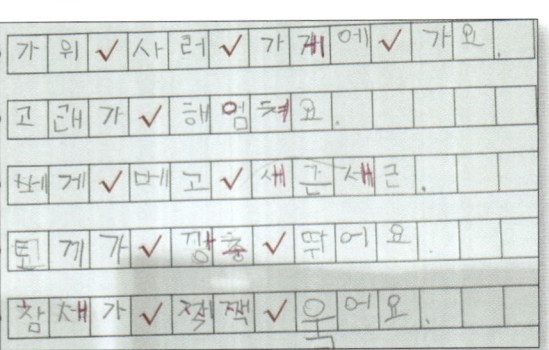

1 자모, 표기와 발음이 일치하는 글자는 대부분 잘 씁니다.
2 연음과 형태소를 어느 정도 이해하고 있습니다.
3 같은 소리 다른 글자, 소리가 달라지는 글자 등에서 주로 틀립니다.

받아쓰기 가르칠 때 주의할 점

1 받아쓰기는 답이 있는 시험입니다. 학습자가 왜 틀리는지 관찰하고, 예습할 때 잘 알려 주면 누구나 쉽게 100점을 맞을 수 있습니다.

2 반복 쓰기 연습보다 더 중요한 것은 소리의 특징, 표기와 발음의 관계를 학습자가 정확하게 이해하는 것입니다. 틀린 글자는 지우지 말고 색연필이나 볼펜으로 틀린 부분만 고치게 합니다.

3 용어나 개념을 학습자가 알 필요는 없습니다. 교재에서는 꼭 필요한 개념만 문제로 활용했습니다.

4 학습자가 잘한 것을 먼저 칭찬하고 난 후 모르는 것을 알려 주세요. 한글 맞춤법은 어른에게도 쉽지 않습니다. 꾸중보다 칭찬이 먼저입니다.

5 교재에 있는 모든 문장, 제목, 지시문, 문제 등은 학습자가 소리 내서 읽도록 합니다. 글자는 또박또박 쓰게 하고, 쓰고 난 후에는 소리 내서 읽으며 맞게 썼는지 확인하게 합니다. 학습의 내용 못지않게 바른 학습 태도를 기르는 것이 중요합니다.

6 한글 읽기가 원활하지 않다면 『한글 척척 읽기』를 소리 내어 읽으며 읽기에 자신감을 갖게 해 주세요. 글자를 쓰는 힘이 부족하면 『한글 척척 쓰기』를 먼저 하거나 병행해 주세요. 『한글 척척 쓰기』는 자모 쓰기부터 문장 쓰기까지 체계적으로 연습하도록 구성된 교재입니다. 단순한 반복 쓰기가 아니라 쓰기를 통해 소리의 특징과 표기법의 원리를 직관적으로 터득할 수 있게 했습니다.

받아쓰기 척척 + 속담 100 해랑 샘과 동영상으로 공부해요

해랑한국어 재생목록 '받아쓰기 척척 + 속담 100'에 해랑 샘이 맞춤법 원리를 설명하고, 받아쓰기를 불러 주는 영상이 있습니다. 재생목록 '속담 받아쓰기'에서 속담에 나오는 단어와 속담의 내용을 배울 수 있습니다.

받아쓰기 척척 + 속담 100 **특징**

① 학습자를 직접 가르치면서 교재를 완성했습니다.
② 표기와 발음의 관계를 직관적으로 이해하도록 구성했습니다.
③ 맞춤법의 원리를 소리를 통해 이해하도록 했습니다.

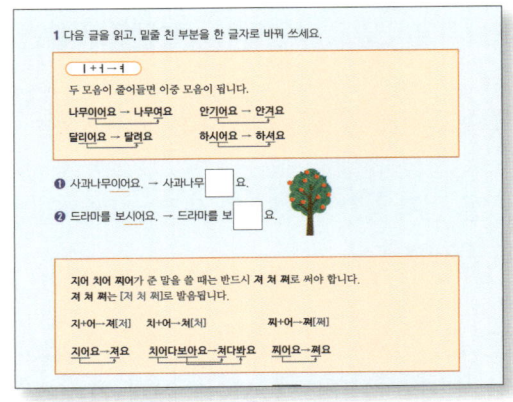
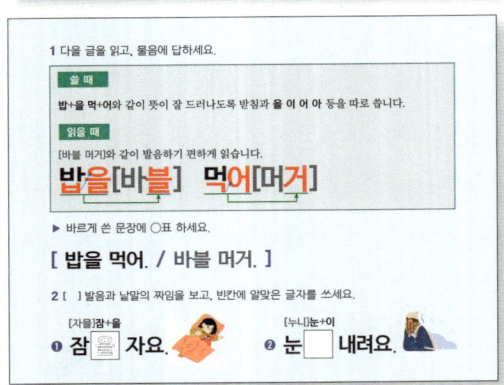
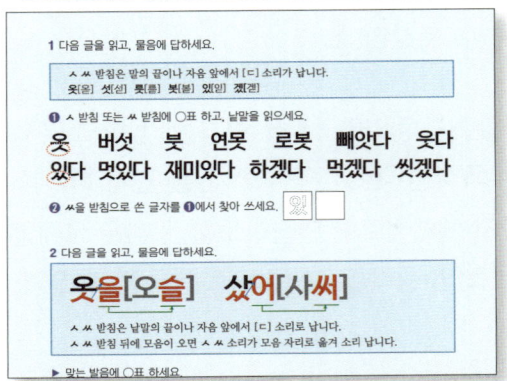

④ 한국어 소리의 특징을 시각적으로 보여 주는 입 모형을 제공합니다.
⑤ 해랑 샘과 공부할 수 있는 동영상을 제공합니다.

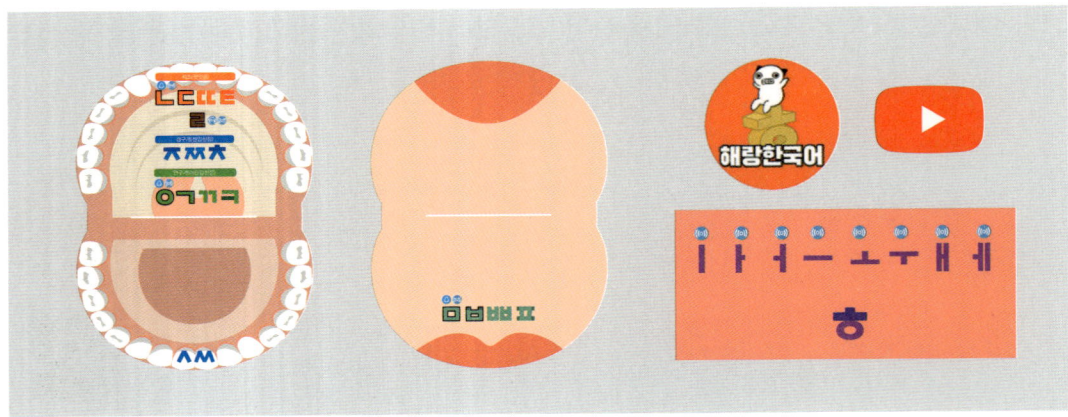

⑥ 오류 답안 노출과 틀린 글자 고치기를 최소화했습니다.
⑦ 학습 내용에 따라 페이지 구성을 달리했습니다.
⑧ 국어 공부에 꼭 필요한 기초 개념을 쉽게 터득하도록 했습니다.

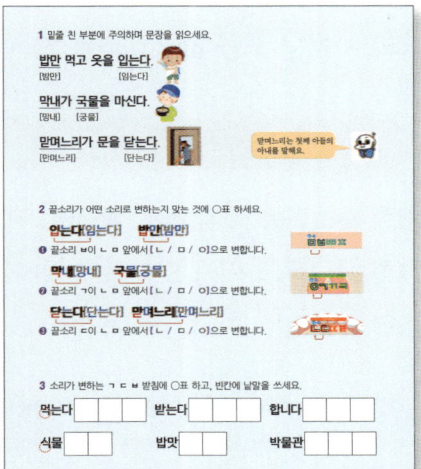

⑨ 연음, 음절의 끝소리 규칙, ㅎ 탈락, 격음화, 경음화, 구개음화, 유음화, 비음화, 사잇소리 현상 등 한국어 음운 현상을 대부분 다루었습니다.
⑩ 받아쓰기 연습 100 문장을 속담으로 구성해서 문해력 향상에 도움이 되게 했습니다.

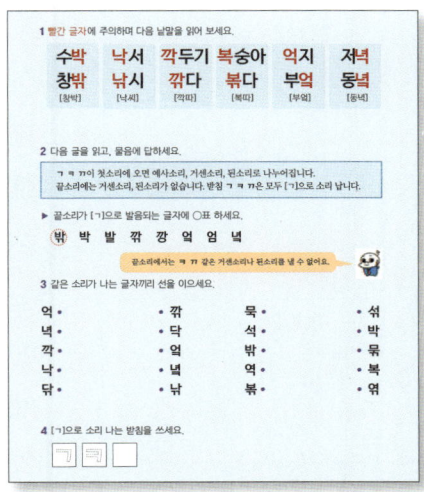
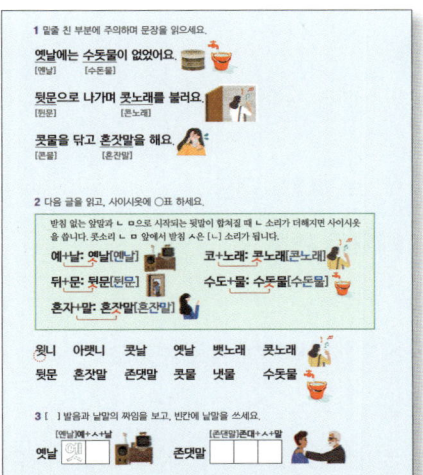

한 권으로 끝내는 맞춤법과 문해력
받아쓰기 척척 + 속담 100 차례

문장 부호와 띄어쓰기 ——— 14

1부 소리와 문자 구별

1회 모음은 홀로 나는 소리예요 ——— 20
2회 자음은 모음 없이 소리를 낼 수 없어요 ——— 26

2부 표기와 소리가 일치하는 글자 쓰기

3회 첫소리를 예사소리, 된소리, 거센소리로 구분해서 써요 ——— 34
4회 단모음과 이중 모음을 정확하게 발음하고 써요 ——— 40
5회 끝소리는 [ㄱ ㄴ ㄷ ㄹ ㅁ ㅂ ㅇ] 7개로 소리 나요 ——— 46

3부 표기와 소리가 일치하지 않는 글자 쓰기

6회 받침이 모음으로 넘어가서 소리 나요 ——— 54
7회 ㄱ ㅋ ㄲ 받침은 [ㄱ]으로, ㅂ ㅍ 받침은 [ㅂ]으로 소리 나요 ——— 60
8회 ㄷ ㅌ ㅈ ㅊ 받침이 [ㄷ]으로 소리 나요 ——— 66
9회 ㅅ ㅆ 받침이 [ㄷ]으로 소리 나요 ——— 72
10회 겹받침 뒤에 모음이 오면 두 받침이 차례로 소리 나요 ——— 78

4부 소리가 달라지는 글자 쓰기

11회 ㅎ 받침 소리가 사라져요 ——— 86
12회 ㄱ ㄷ ㅂ ㅈ과 ㅎ이 만나면 [ㅋ ㅌ ㅍ ㅊ]이 돼요 ——— 92
13회 받침 ㄷ ㅌ과 이 히가 만나 [ㅈ ㅊ]으로 변해요 ——— 98
14회 ㄴ ㄹ, ㄹ ㄴ이 [ㄹ ㄹ]로 변해요 ——— 104
15회 콧소리 ㄴ ㅁ 앞 ㄱ ㄷ ㅂ이 콧소리 [ㅇ ㄴ ㅁ]으로 변해요 1 ——— 110
16회 콧소리 ㄴ ㅁ 앞 ㄱ ㄷ ㅂ이 콧소리 [ㅇ ㄴ ㅁ]으로 변해요 2 ——— 116
17회 끝소리 ㄱ ㄷ ㅂ 뒤에서 첫소리 ㄱ ㄷ ㅂ ㅅ ㅈ이 된소리로 변해요 ——— 122
18회 두 말이 합쳐져 된소리가 나도 합쳐지기 전 원래 말대로 써요 ——— 128
19회 두 말이 합쳐질 때 소리가 더해지면 사이시옷을 써요 ——— 134
20회 받아쓰기 100점 맞기 준비 10가지 ——— 140

5부 속담 받아쓰기

21회 도토리 키 재기 외 — 148
22회 바람 앞의 등불 외 — 150
23회 꿩 먹고 알 먹기 외 — 152
24회 마른 하늘에 날벼락 외 — 154
25회 원숭이도 나무에서 떨어진다 외 — 156
26회 모래밭에서 바늘 찾기 외 — 158
27회 벼룩의 간을 내먹는다 외 — 160
28회 콩을 팥이라 우긴다 외 — 162
29회 수박 겉 핥기 외 — 164
30회 닭 쫓던 개 지붕 쳐다보듯 외 — 166

부록

정답 — 168
6회~19회 받아쓰기 문장 — 174
21회~30회 속담 받아쓰기 — 178
입 모형 — 185

받아쓰기 공부를 본격적으로 시작하기에 앞서 문장 부호와 띄어쓰기 공부를 간단하게 합니다.

문장 부호는 잘 보고 쓰면 되지만, 띄어쓰기를 바르게 하는 것은 성인 학습자에게도 상당히 어렵습니다. 띄어쓰기를 너무 강요할 필요는 없습니다. 『받아쓰기 척척 + 속담 100』에서는 4부까지 띄어쓰기를 모두 보여 주었습니다. 5부에서는 학습자가 직접 띄어쓰기를 하도록 했습니다. 띄어쓰기는 채점하지 마시고 글자에 집중해 주시기 바랍니다.

문장 부호와 띄어쓰기

문장 부호가 뭐예요?

> 문장 부호는 . , ! ? ' ' " " 등을 말합니다.
> 문장의 정확한 의미를 전달하거나 문장을 쉽게 구별하기 위하여 문장 부호를 씁니다.
> 문장 부호는 앞, 또는 뒤에 오는 말과 붙여 씁니다.

문장 부호 이름	쓰이는 곳	예문
. 마침표	대부분의 문장의 끝.	집에 가요. 집에 가자.
? 물음표	묻는 문장의 끝.	집에 가요? 학교에 가니?
! 느낌표	느낌을 나타내는 문장의 끝.	집이 정말 크다! 아주 맛있어!
…… 말줄임표	말을 줄이거나 말이 없을 때. 문장의 끝에서 마침표와 함께 씀.	서울 부산 광주 대구…… 빨리 먹고 싶은데…….
, 쉼표	문장에서 짧게 쉴 때.	아기야, 어디 가니? 콩 심은 데 콩 나고, 팥 심은 데 팥 난다.
" " 큰 따옴표	사람이 한 말이나 글을 따올 때.	친구가 "숙제 했어?" 하고 물었다. 대문에 "개 조심"이라고 쓰여 있었다.
' ' 작은따옴표	마음속으로 한 말을 적을 때.	나는 '꼭 갈거야!' 하고 다짐했다. '비가 올 것 같아.' 하고 생각했다.

1 문장 부호에 ○표 하며 다음 문장을 읽으세요.

❶ 학교에 가요.

❷ 놀이터에 가자.

❸ 어디에 가요?

❹ 언제 가니?

❺ 강아지가 정말 귀여워!

❻ 잠을 잘 자야 해!

❼ 거짓말을 하면 안 되는데…….

❽ 여름은 덥고, 겨울은 춥다.

❾ 할머니께 "진지 드세요." 하고 말씀드렸다.

❿ 마음속으로 '참 친절한 사람이구나.' 하고 생각했다.

2 빈칸에 알맞은 문장 부호를 쓰세요.

❶ 어디에 가니 ☐

❷ 학교에 간다 ☐

❸ 집에 가야 하는데 ☐

❹ 친구에게 ☐ 힘 내 ! ☐ 하고 말했다.

❺ 마음속으로 ☐ 꼭 하고 말거야! ☐ 하고 다짐했다.

정답: ① ? ② . ③ ……. ④ " " ⑤ ' '

문장 부호와 띄어쓰기

1 다음 문장을 보고, 알맞은 그림과 연결하세요.

❶ 아버지가 방에 들어가신다.　•　　　•

❷ 아버지 가방에 들어가신다.　•　　　•

❸ 새가 사는 집은 새집.　•　　　•

❹ 새로 지은 집은 새 집.　•　　　•

정답 ×
＝

2 다음 글을 읽고, 띄어쓰기를 바르게 한 문장에 ○표 하세요.

> **하늘 바다 먹었다 간다**처럼 뜻이 있는 말을 낱말, 또는 단어라고 합니다. 낱말은 **누구 언제 무엇 어떤 어떻게 어디 한다** 등을 나타냅니다.
> **아버지 가 방 에 가방 들어가신다 새 사는 집 은 새집 새로 지은** 등이 모두 낱말입니다. 문장을 쓸 때는 낱말의 뜻을 정확하게 나타내기 위해 각각의 낱말을 띄어서 써야 합니다. 그런데 **이/가 은/는 와/과 을/를 으로/로 에서 에게 아/어** 등 뜻이 약한 말은 앞말에 붙여 씁니다.

❶ 동생이 식탁에 앉아 밥을 먹는다. ☐

❷ 동생 이 식탁 에 앉 아 밥 을 먹 는다. ☐

정답: ①

3 띄어쓰기한 곳에 V를 그리며 다음 문장을 읽으세요.

❶ 사슴이 V 물을 V 마셔요.

❷ 놀이터에서 친구들과 놀아요.

❸ 제주도로 여행을 떠나요.

❹ 고양이가 꼬리를 세우고 걸어가요.

❺ 밤에 일찍 자야 몸이 튼튼해져요.

❻ 동생에게 생일 선물을 줬어요.

❼ 사막은 낮에 아주 덥고, 밤에 아주 추워요.

4 문장의 뜻을 이해하기 쉽도록 띄어쓰기할 곳에 V를 그리세요.

❶ 강아지가ᵛ밥을먹어요.

정답 강아지가 밥을 먹어요.

❷ 이가아파서치과에갔어요.

이가 아파서 치과에 갔어요.

❸ 이모가새집으로이사를했어요.

이모가 새 집으로 이사를 했어요.

❹ 새옷을입고기분이좋아졌어요.

새 옷을 입고 기분이 좋아졌어요.

❺ 튤립은추우면꽃잎을오므려요.

튤립은 추우면 꽃잎을 오므려요.

1부 소리와 문자 구별

1회 모음은 홀로 나는 소리예요
2회 자음은 모음 없이 소리를 낼 수 없어요

학습 목표

1 자음과 모음, 자음자와 모음자 바르게 알기
❶ 자음과 모음의 특징을 알고 바르게 발음합니다.
❷ 자음자와 모음자를 바르게 씁니다.
❸ 단모음과 이중 모음의 차이를 압니다.
❹ 첫소리와 끝소리를 압니다.
❺ 끝소리에 오는 자음 7개를 압니다.
2 자음자 이름 알기
3 음절을 첫소리, 가운뎃소리, 끝소리로 나누기

학습 내용

- 모음과 모음자
- 단모음
- 이중 모음
- 자음과 자음자
- 첫소리
- 가운뎃소리
- 끝소리

오답 유형과 지도법

❶ 자음자 방향과 순서를 틀리게 씁니다.
➡ 자음자 ㄱ ㄷ ㄹ ㅁ 쓰는 방향과 순서에 주의하도록 합니다.
자음자와 모음자 쓰는 순서가 정해진 것은 없습니다. 하지만 위에서 아래로, 왼쪽에서 오른쪽으로 같은 기본 원칙을 지키는 편이 좋습니다.

❷ 자음자 이름 중 기역 디귿 시옷만 규칙에서 벗어나 틀리기 쉽습니다.
➡ ㄱ ㄷ ㅅ의 이름을 기윽, 디읃, 시읏으로 바꾸거나 기역, 디귿, 시옷과 기윽, 디읃, 시읏을 병행하자는 주장이 있습니다. 아직까지는 기역, 디귿, 시옷만 바른 이름으로 인정합니다.

❸ 같거나 비슷한 소리가 나는 모음을 구분해 쓰기 어렵습니다.
➡ ㅐ ㅔ를 혼동해서 쓴 오답이 받아쓰기에서 가장 많이 틀리는 유형입니다. ㅐ와 ㅔ 그리고 ㅚ ㅙ ㅞ를 구분해서 쓰게 합니다.

❹ ㅑ ㅕ ㅛ ㅠ ㅢ ㅟ ㅘ ㅝ ㅚ ㅙ ㅞ ㅐ ㅔ등 이중 모음을 단모음으로 발음하고 쓰기 쉽습니다.
➡ 이중 모음 학습이 충분하지 않다면 『한글 빅뱅』 10회, 『한글 척척 읽기 1』 이중 모음 읽기로 복습합니다. 이중 모음을 구성하는 ㅣ ㅜ의 정확한 이름은 반모음, 반자음, 활음 등이지만 편의상 단모음으로 불렀습니다.

> **잠깐**
>
> 자음은 홀로 소리 낼 수 없으므로 모음 ㅡ를 붙여 부릅니다. 초성에서는 **그 느 드**처럼 부르고, 종성에서는 **윽 은 읃** 등으로 부르게 합니다. **기역 니은 디귿**은 자음자(문자) 이름입니다. 소리를 나타낼 때는 **그 느 드** 또는 **윽 은 읃** 등으로 부르는 것이 좋습니다. ㅚ ㅟ를 교과서에서는 단모음으로 분류하나 현실 발음을 고려해서 이중 모음으로 취급했습니다.
>
> 잘 쓰고 잘 읽을 때마다 바로바로 칭찬해 주세요.
> 제목, 문제, 말풍선 등 책에 있는 모든 내용을 학습자가 소리 내어 읽도록 해 주세요.

1부 소리와 문자 구별
1회 모음은 홀로 나는 소리예요

1 다음 모음자를 읽어 보세요.

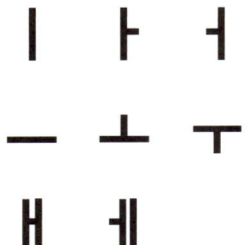

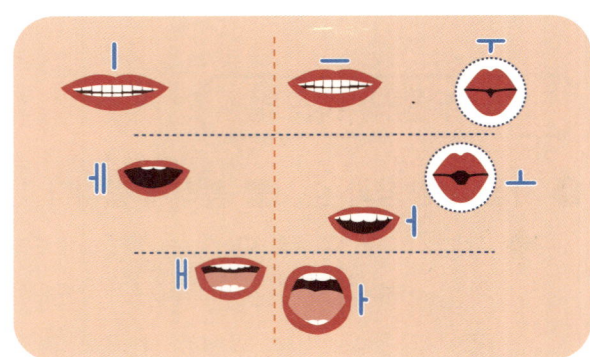

2 다음 글을 읽고, 맞는 말에 ○표 하세요.

> ㅣ ㅏ ㅓ ㅡ ㅗ ㅜ ㅐ ㅔ를 소리 내는 동안 혀와 입이 어떻게 움직일까요?
> 혀가 입천장에 닿지 않습니다. 입을 다물지 않습니다. 소리 내는 동안 숨이 막히지 않고 잘 나옵니다.

• ㅣ ㅏ ㅓ ㅡ ㅗ ㅜ ㅐ ㅔ를 소리 내는 동안 입을 다뭅니다. ⋯⋯⋯⋯⋯⋯⋯⋯⋯⋯ [   ]

• ㅣ ㅏ ㅓ ㅡ ㅗ ㅜ ㅐ ㅔ를 소리 내는 동안 숨이 막히지 않고 잘 나옵니다. ⋯⋯⋯ [○]

3 다음 글을 읽고, 맞는 말에 ○표 하세요.

> ㅣ ㅏ ㅓ ㅡ ㅗ ㅜ ㅐ ㅔ와 같이 숨이 혀나 입에 막히지 않고 나오는 소리를 **모음**이라고 합니다. ㅣ ㅏ ㅓ ㅡ ㅗ ㅜ ㅐ ㅔ는 모음을 나타내는 글자인 **모음자**입니다. 모음자의 이름은 따로 없습니다.

• 숨이 혀나 입에 막히지 않고 나오는 소리는 모음입니다. ⋯⋯⋯⋯⋯⋯⋯⋯⋯⋯⋯ [   ]

• 모음을 나타내는 글자는 자음자입니다. ⋯⋯⋯⋯⋯⋯⋯⋯⋯⋯⋯⋯⋯⋯⋯⋯⋯⋯⋯⋯ [   ]

> **잠깐** 문제 유형에 익숙하지 않은 학습자가 문제의 의미를 잘 모를 수 있습니다. 틀린 부분을 고쳐서 알려 주고 넘어갑니다.

소리와 문자 구별
1회 모음은 홀로 나는 소리예요

1 다음 글을 읽고, 설명에 맞는 말을 찾아 선으로 이으세요.

> 모음을 가리키는 다른 이름은 **홀소리**입니다. **홀소리**는 홀로 나는 소리라는 뜻입니다. 모음을 나타내는 글자는 **모음자**입니다.

모음을 나타내는 글자 • • 홀소리

홀로 나는 소리라는 뜻, 모음을 가리키는 다른 이름 • • 모음자

2 다음 글을 읽고, 문제를 푸세요.

> ㅏ 하고 길게 천천히 발음해 보세요. 발음하는 동안 입 모양이 바뀌지 않습니다. ㅏ처럼 발음하는 동안 입 모양이 바뀌지 않는 모음을 **단모음**이라고 합니다. ㅣ ㅏ ㅓ ㅡ ㅗ ㅜ ㅐ ㅔ는 단모음입니다.

아 아 발음할 때 입 모양을 잘 보세요. ㅏ 같은 단모음은 입 모양을 바꾸지 않고 같은 소리를 2번 이상 낼 수 있어요.

❶ 거울을 보며 다음 모음을 발음해 보고, 단모음을 찾아 ○표 하세요.

ⓘ ㅏ ㅑ ㅓ ㅕ ㅡ ㅗ ㅛ ㅜ ㅠ ㅐ ㅔ ㅘ ㅝ

❷ ㅏ를 길게 발음해 보고, 맞는 말에 ○표 하세요.

• ㅏ 발음하는 동안 입 모양이 바뀝니다. ⋯⋯⋯⋯⋯⋯⋯⋯⋯⋯⋯⋯⋯⋯⋯⋯⋯⋯⋯ [   ]

• ㅏ는 발음하는 동안 입 모양이 바뀌지 않는 단모음입니다. ⋯⋯⋯⋯⋯⋯⋯ [   ]

1부 소리와 문자 구별
1회 모음은 홀로 나는 소리예요

1 다음 글을 읽고, 문제를 푸세요.

> ㅑ 하고 길게 천천히 발음해 보세요. 발음하는 동안 입 모양이 바뀝니다. ㅑ처럼 발음하는 동안 입 모양이 바뀌는 모음을 **이중 모음**이라고 합니다.
> ㅑ ㅕ ㅛ ㅠ ㅖ ㅒ ㅢ ㅘ ㅝ는 발음하는 동안 입 모양이 바뀌는 이중 모음입니다.

▶ 거울을 보며 다음 모음을 발음해 보고, 이중 모음을 찾아 ○표 하세요.

ㅣ ㅏ ㅑ ㅓ ㅕ ㅡ ㅗ ㅛ ㅜ ㅠ ㅒ ㅖ ㅘ ㅝ

> 야 야 발음할 때 입 모양을 잘 보세요. ㅑ 같은 이중 모음은 입 모양을 바꾸지 않고 같은 소리를 2번 낼 수 없어요. 이중 모음을 발음하는 동안 입 모양이 바뀌기 때문이에요.

2 다음 글을 읽고, 문제를 푸세요.

> 이중 모음을 발음할 때 왜 입 모양이 바뀔까요?
> ㅣ ㅏ를 이어서 발음해 보세요. ㅑ가 됩니다.
> ㅑ는 ㅣ를 짧게 발음하고 ㅏ를 이어서 발음한 이중 모음입니다.
> ㅣ + ㅏ → ㅑ 👄 → 👄
>
> ㅜ ㅓ를 이어서 발음해 보세요. ㅝ가 됩니다.
> ㅝ는 ㅜ를 짧게 발음하고 ㅓ를 이어서 발음한 이중 모음입니다.
> ㅜ + ㅓ → ㅝ 👄 → 👄
> 이중 모음은 2개의 모음을 이어 발음하기 때문에 발음하는 동안 입 모양이 바뀝니다.

▶ 어떤 모음 2개를 이어 발음하면 이중 모음 ㅑ ㅝ가 될까요? 이중 모음 ㅑ ㅝ에 들어 있는 모음 2개를 찾아 ○표 하세요.

ㅑ [ㅣ ㅏ ㅓ ㅡ ㅗ ㅜ]   ㅝ [ㅡ ㅗ ㅜ ㅣ ㅓ]

소리와 문자 구별

1회 모음은 홀로 나는 소리예요

1 점선을 따라 아래로(↓) 그으세요. 세로선은 위에서 아래로 긋습니다.

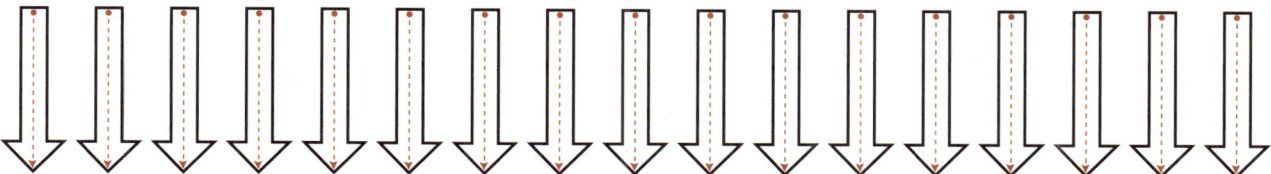

2 점선을 따라 오른쪽으로(→) 그으세요. 가로선은 왼쪽에서 오른쪽으로 긋습니다.

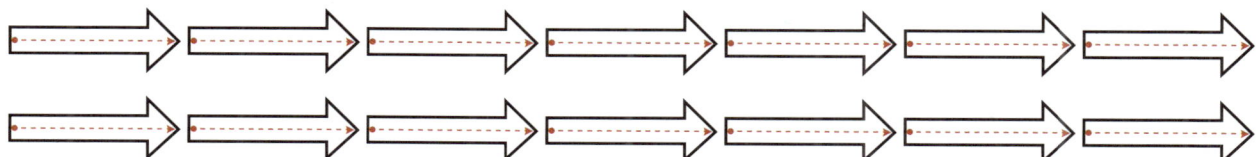

3 다음 모음자를 순서대로 점선을 따라 쓰세요. 위에서 아래로(↓), 왼쪽에서 오른쪽으로 (→) 차례차례 쓰세요.

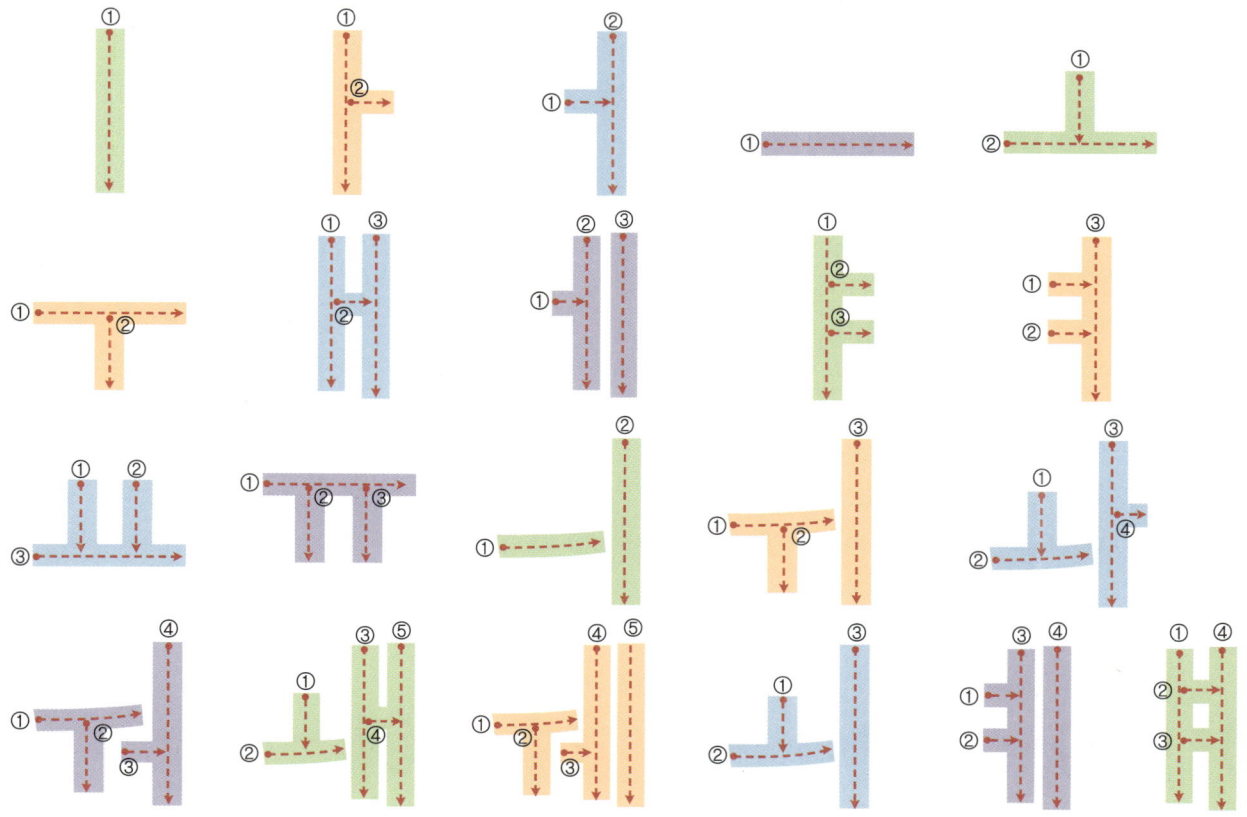

1부 소리와 문자 구별
1회 모음은 홀로 나는 소리예요

1 다음 글자에서 ㅇ을 빼고 모음자만 빈칸에 쓰세요.

2 다음 글을 읽고, 문제를 푸세요.

> ㅇ으로 시작하는 글자는 모음자만 있을 때와 같은 소리로 읽습니다.
>
> | ㅣ 이 | ㅏ 아 | ㅓ 어 | ㅗ 오 |
> | ㅜ 우 | ㅐ 애 | ㅘ 와 | ㅝ 워 |

▶ 맞는 말에 ○표 하세요.

ㅣ와 이는 [같은 / 다른] 소리로 읽어요.

3 다음 글을 읽고, 문제를 푸세요.

> 모음을 글자로 쓸 때는 ㅣ ㅏ ㅓ처럼 모음자만 쓰지 않습니다. 이 오 오이 아우처럼 ㅇ을 모음자 앞이나 위에 씁니다. ㅇ은 소리가 없는 글자입니다.

▶ 소리가 없는 글자에 ○표 하세요.

이 아 으 오 애 에 여 요

소리와 문자 구별
1회 모음은 홀로 나는 소리예요

1 다음 글자에서 모음자만 빈칸에 쓰세요.

| 돼지 | 의사 | 야구 | 가위 | 사과 |

돼지: ㅙ ㅣ

2 다음 모음을 단모음과 이중 모음으로 나누어 쓰세요.

ㅣ ㅏ ㅑ ㅓ ㅕ ㅡ ㅗ ㅛ ㅜ ㅠ ㅐ ㅔ ㅘ ㅝ

❶ 단모음: 발음하는 동안 입 모양이 바뀌지 않는 모음

ㅣ ㅏ

❷ 이중 모음: 발음하는 동안 입 모양이 바뀌는 모음

ㅑ ㅕ

> 아 아 야 야 발음해 보세요. ㅏ 같은 단모음은 입 모양을 바꾸지 않고 2번 발음할 수 있어요. ㅑ 같은 이중 모음은 야 야 발음할 때 입 모양이 바뀌어요.

3 다음 설명에 맞는 말을 찾아 선으로 연결하세요.

모음을 나타내는 글자 • • 모음자

홀로 나는 소리라는 뜻, 모음을 가리키는 다른 말 • • 이중 모음

발음하는 동안 입 모양이 바뀌지 않는 모음 • • 단모음

발음하는 동안 입 모양이 바뀌는 모음 • • 홀소리

1부 2회 자음은 모음 없이 소리를 낼 수 없어요

소리와 문자 구별

1 다음 글을 읽고, 맞는 말에 ○표 하세요.

> ㅣ ㅏ ㅓ ㅡ ㅗ ㅜ 같은 모음은 자음 없이 홀로 소리 낼 수 있습니다.
> ㄱ ㄴ ㄷ ㄹ 자음은 모음 없이 소리 낼 수 없습니다.

❶ 모음은 자음 없이 홀로 소리 낼 수 [(있습니다) / 없습니다].

❷ 자음은 모음 없이 소리 낼 수 [있습니다 / 없습니다].

> ㄱ ㄴ ㄷ ㄹ 등은 자음을 나타내는 글자인 **자음자**입니다.
> **기역 니은 디귿**은 자음자(문자)를 가리키는 이름입니다.

❸ 기역 니은 디귿 리을은 [자음자 / 모음자]를 가리키는 이름입니다.

2 다음 글을 읽고, 문제를 푸세요.

> **자음**은 숨이 혀, 입술, 이 등에 닿으면서 나는 소리입니다.
> 숨이 어딘가에 닿아 나는 소리여서 **닿소리**라고 부르기도 합니다.
> 자음을 말할 때 모음 ㅡ를 붙여 **그 느 드 르**와 같이 부르기도 합니다.

▶ 자음에 모음 ㅡ를 붙여 **그느드르**와 같이 읽어 보세요.

ㄱ ㄲ ㅋ(그 끄 크)

ㄴ ㄷ ㄸ ㅌ(느 드 뜨 트)   ㄹ(르)

ㅁ ㅂ ㅃ ㅍ(므 브 쁘 프)

ㅅ ㅆ(스 쓰)   ㅈ ㅉ ㅊ(즈 쯔 츠)

ㅇ ㅎ(으 흐)

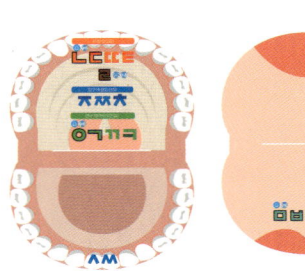

소리와 문자 구별
2회 자음은 모음 없이 소리를 낼 수 없어요

1 다음 점선을 따라 글자를 쓰세요. 위에서 아래로(↓), 왼쪽에서 오른쪽으로(→) 씁니다. ㄱ ㄴ ㅇ은 연필을 떼지 않고 한 번에 씁니다.

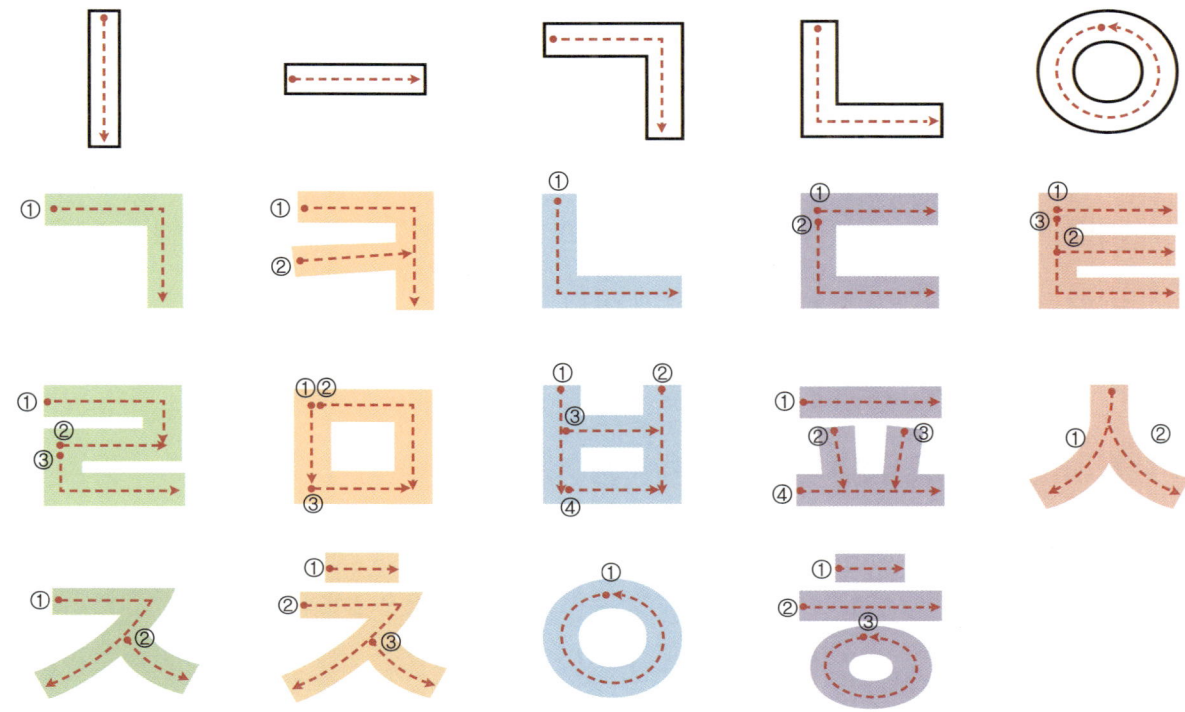

2 다음 자음자를 순서에 맞게 빈칸에 쓰세요.

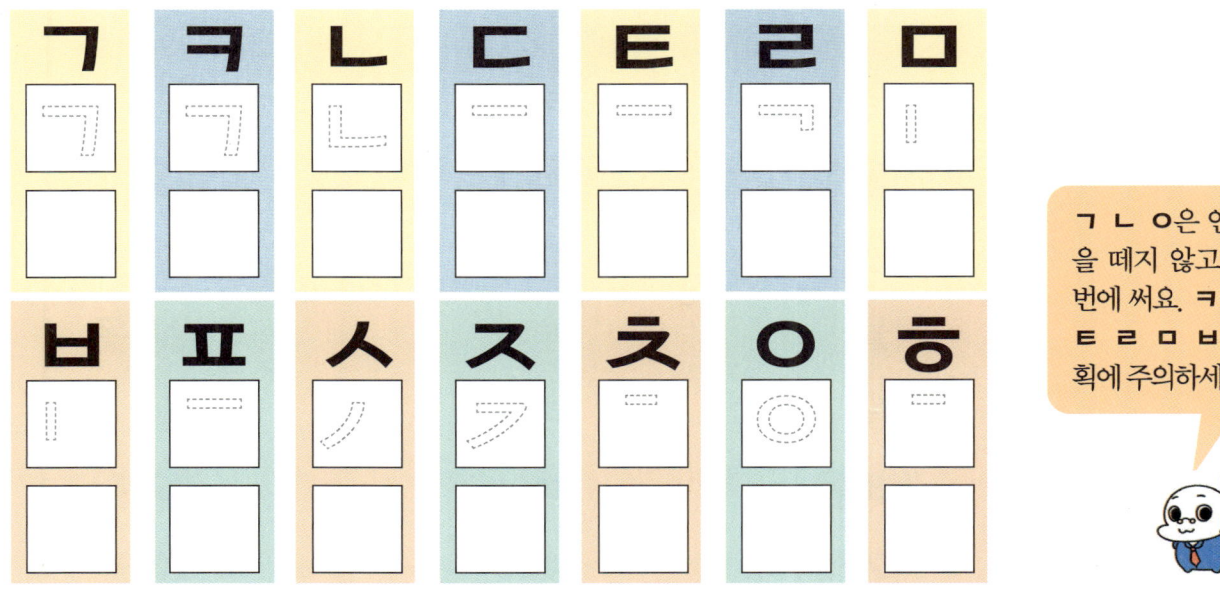

ㄱ ㄴ ㅇ은 연필을 떼지 않고 한 번에 써요. ㅋ ㄷ ㅌ ㄹ ㅁ ㅂ 첫 획에 주의하세요.

1부 소리와 문자 구별
2회 자음은 모음 없이 소리를 낼 수 없어요

1 다음 글을 읽고, 자음자 이름을 읽어 보세요.

> 모음을 나타내는 모음자(ㅣ ㅏ ㅓ ㅡ ㅗ ㅜ 등)의 이름은 따로 없습니다. **이 아 어 으 오 우**라고 부릅니다. 자음은 홀로 소리를 낼 수 없습니다. 자음자(ㄱ ㄴ ㄷ ㄹ 등)는 모음자와 달리 이름을 가지고 있습니다.

자음자	이름	자음자	이름	자음자	이름	자음자	이름	자음자	이름
ㄱ	기역	ㄴ	니은	ㄷ	디귿	ㄹ	리을	ㅁ	미음
ㅂ	비읍	ㅅ	시옷	ㅇ	이응	ㅈ	지읒	ㅊ	치읓
ㅋ	키읔	ㅌ	티읕	ㅍ	피읖	ㅎ	히읗		
ㄲ	쌍기역	ㄸ	쌍디귿	ㅃ	쌍비읍	ㅆ	쌍시옷	ㅉ	쌍지읒

쌍은 2개라는 뜻이에요.

2 다음 글을 읽고, 자음자 이름을 찾아 선으로 연결하세요.

> ㅣ 앞과 ㅡ 아래에 자음자를 붙이면 자음자 이름이 됩니다.
> **기역 디귿 시옷**만 다른 자음자 이름과 조금 다릅니다.

ㄱ •	• 기역	ㅆ •	• 비읍
ㄹ •	• 히읗	ㅂ •	• 티읕
ㄴ •	• 니은	ㄷ •	• 미음
ㅈ •	• 리을	ㅌ •	• 쌍시옷
ㅎ •	• 지읒	ㅁ •	• 디귿
ㄲ •	• 쌍비읍	ㄸ •	• 쌍지읒
ㅃ •	• 쌍기역	ㅉ •	• 쌍디귿

소리와 문자 구별
2회 자음은 모음 없이 소리를 낼 수 없어요

1 빈칸에 자음자를 써서 자음자 이름을 완성하세요.

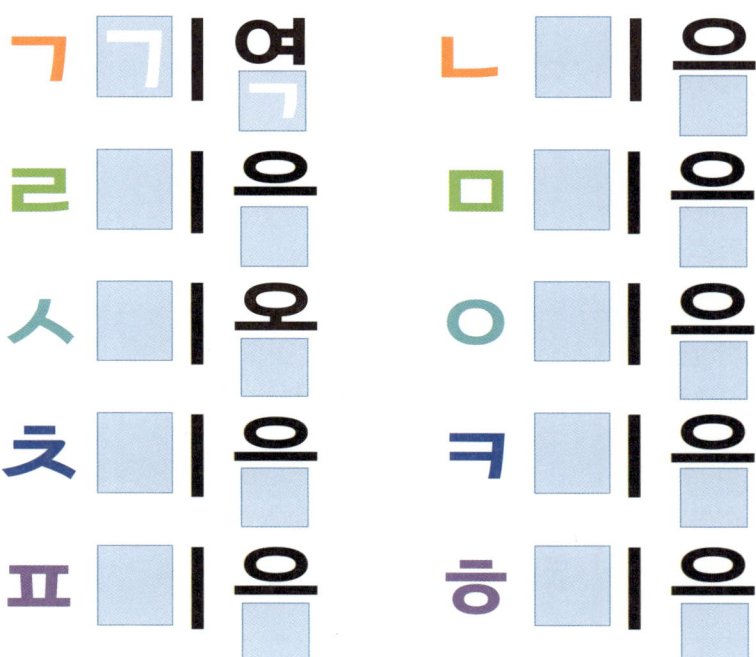

2 다음 자음자 이름을 쓰세요.

ㅣ 앞과 으 아래에 자음자를 붙이면 자음자 이름이 돼요. **기역 디귿 시옷**만 규칙에서 벗어난 이름을 가지고 있어요.

3 ◌ㅣ으 규칙에서 벗어난 자음자 이름을 쓰세요.

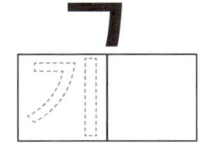 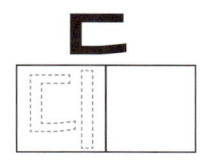 

1부 소리와 문자 구별
2회 자음은 모음 없이 소리를 낼 수 없어요

1 다음 글자에서 자음자를 찾아 쓰세요.

2 다음 글을 읽고, 빈칸에 알맞은 자음자를 쓰세요.

자음자는 글자의 처음과 받침에 쓰입니다. 처음에 나는 소리를 **첫소리**, 끝에 나는 소리를 **끝소리**라고 합니다. **받침**은 끝소리를 나타내는 자음자입니다.

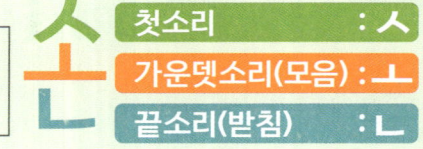   

   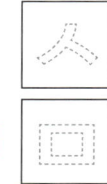      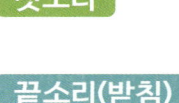

3 처음에 나는 소리 첫소리를 나타내는 자음자에 ○표 하세요.

4 끝에 나는 소리 끝소리를 나타내는 자음자(받침)에 ○표 하세요.

소리와 문자 구별
2회 자음은 모음 없이 소리를 낼 수 없어요

1 다음은 첫소리에 오는 자음입니다. 모두 몇 개입니까? ☐ 개

ㄱ ㄴ ㄷ ㄹ ㅁ ㅂ ㅅ ㅈ ㅊ
ㅋ ㅌ ㅍ ㅎ ㄲ ㄸ ㅃ ㅆ ㅉ

2 다음은 끝소리에 오는 자음입니다. 모두 몇 개입니까? ☐ 개

ㅇ ㄱ ㄴ ㄷ ㄹ ㅁ ㅂ

입 모형을 보면 끝소리 자음에는 검은색 테두리가 있어요.

3 다음 글을 읽고, 문제를 푸세요.

> 자음자는 모두 19개입니다. 첫소리 자리에 쓰이는 자음자 ㅇ은 소리가 없는 글자입니다. 자음자 ㅇ이 받침으로 쓰이면 응 하는 끝소리를 나타냅니다.

▶ 다음 글자에서 소리가 없는 ㅇ에는 X표 하고, 끝소리를 나타내는 ㅇ에는 ○표 하세요.

 응   앵   왕   양   잉   영   용

4 다음 설명에 맞는 말을 찾아 선으로 이으세요.

처음에 나는 소리 •　　　　　　　　• 첫소리

끝소리를 나타내는 자음자 •　　　　　　• 받침

끝에 나는 소리 •　　　　　　　　　• 끝소리

2부 표기와 소리가 일치하는 글자 쓰기

3회 첫소리를 예사소리, 된소리, 거센소리로 구분해서 써요
4회 단모음과 이중 모음을 정확하게 발음하고 써요
5회 끝소리는 [ㄱ ㄴ ㄷ ㄹ ㅁ ㅂ ㅇ] 7개로 소리 나요

학습 목표

1 초성 중성 종성을 정확하게 알고 구분하기

❶ 초성(첫소리)을 예사소리 된소리 거센소리로 구분합니다.
❷ 중성(가운뎃소리)을 단모음과 이중 모음으로 구분합니다.
❸ 단모음 결합으로 이중 모음을 이해합니다.
❹ 종성(끝소리)에 오는 7개 대표 받침을 압니다.

2 초성 중성 종성을 결합해 글자 쓰기

학습 내용

- 첫소리
- 예사소리
- 된소리
- 거센소리
- 가운뎃소리
- 단모음
- 이중 모음
- 끝소리
- 받침

오답 유형과 지도법

❶ **소리가 비슷한 예사소리, 된소리, 거센소리를 혼동합니다.**
➡ 첫소리에 오는 예사소리, 거센소리, 된소리를 정확한 발음으로 읽게 합니다.
거센소리 ㅋ ㅌ ㅍ ㅊ은 숨을 많이 내뿜으며 발음합니다.
된소리 ㄲ ㄸ ㅃ ㅆ ㅉ은 입술, 혀, 목 등에 힘을 주고 높은 소리로 발음합니다.
거센소리, 된소리를 능숙하게 읽지 못하면 『한글 척척 읽기 1』 받침 없는 글자(거센소리, 된소리 읽기)를 반복해서 읽게 합니다.

❷ **ㅐ ㅔ를 잘못 쓰는 것은 받아쓰기에서 가장 많이 틀리는 부분입니다.**
➡ ㅐ ㅔ 구분해야 한다는 것을 강조합니다. 모음만 따로 쓰는 연습이 필요합니다.

❸ **저 져, 처 쳐, 쩌 쪄는 같은 소리가 나므로 틀리기 쉽습니다.**
➡ **지어 치어 찌어**가 준 말은 [저] [처] [쩌]로 소리 나더라도 **져 쳐 쪄**로 써야 합니다.
ㅣㅓ가 줄어든 소리가 ㅕ입니다. 쓸 때도 ㅣㅓ가 줄어든 말은 ㅕ로 씁니다.

❹ **이중 모음을 비슷한 소리의 단모음으로 쓰기 쉽습니다.**
➡ 이중 모음은 단모음과 단모음의 결합으로 발음하고, 두 단모음을 합해 쓰도록 합니다.

❺ **끝소리 ㅇ ㄴ ㅁ 발음을 정확하게 하지 않으면 비슷하게 들립니다.**
➡ 코를 막고 발음해서 ㅇ ㄴ ㅁ이 콧소리임을 알게 하고, 발음을 정확하게 하도록 합니다.

❻ **[ㄷ]으로 소리 나는 받침 글자를 틀립니다.**
➡ 끝소리에서 [ㄷ]으로 소리 나는 받침 글자는 ㄷ ㅌ ㅈ ㅊ ㅅ ㅆ ㅎ입니다.
ㅅ ㅆ 받침이 ㄷ 받침보다 훨씬 많이 쓰입니다.
한글 읽기를 가르칠 때는 많이 쓰이는 ㅅ 받침을 먼저 가르치는 것이 좋습니다.
쓰기에서는 [ㄷ] 끝소리를 대표하는 ㄷ 받침을 먼저 배웁니다.
ㄷ 받침이 [ㄷ] 끝소리의 대표 소릿값이라는 것을 알도록 합니다.

2부 표기와 소리가 일치하는 글자 쓰기
3회 첫소리를 예사소리, 된소리, 거센소리로 구분해서 써요

1 다음 글을 읽고, 문제를 푸세요.

> 첫소리, 가운뎃소리(모음), 끝소리(받침)가 모여서 말소리가 됩니다. 첫소리와 끝소리에는 자음이 오고, 가운뎃소리에는 모음이 옵니다. 모음은 꼭 필요합니다. 첫소리와 끝소리 자음은 없어도 됩니다.

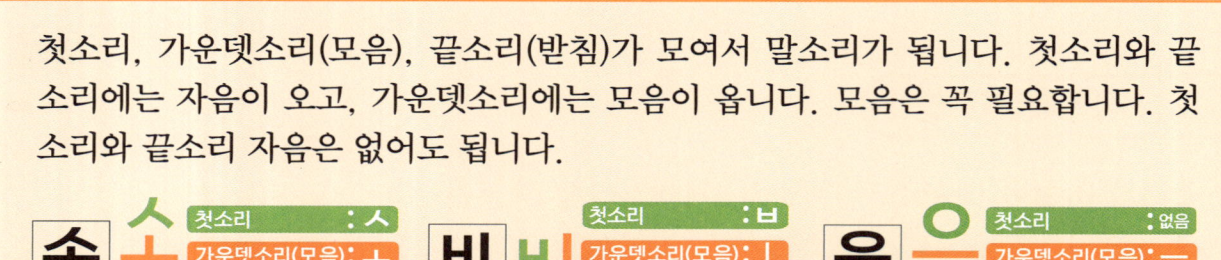

▶ 알맞은 말에 ○표 하세요.

말소리에서 꼭 필요한 소리는 [모음 / 자음]입니다.

2 다음 글자를 첫소리, 가운뎃소리, 끝소리로 나눠 빈칸에 쓰세요.
첫소리 자리에 있는 ㅇ은 소리가 없는 글자입니다. 소리가 없을 때는 **X**표를 하세요.

그림	글자	첫소리	가운뎃소리	끝소리(받침)
	오	X	ㅗ	X
	밤	ㅂ		ㅁ
	입			
	빗			
	차			
	공			

34

표기와 소리가 일치하는 글자 쓰기
3회 첫소리를 예사소리, 된소리, 거센소리로 구분해서 써요

1 다음 글을 읽고, 첫소리를 읽어 보세요.

> 자음은 모음 없이 소리 낼 수 없습니다. 첫소리에 오는 자음자를 **그느드르**와 같이 모음 **ㅡ**를 붙여 읽어 봅니다.

입술을 떼면서 내는 소리: ㅁ(므) ㅂ(브) ㅃ(쁘) ㅍ(프)

혀끝을 윗잇몸에 댔다 떼면서 내는 소리: ㄴ(느) ㄷ(드) ㄸ(뜨) ㅌ(트)

혀끝을 살짝 말아서 입천장에 댔다 떼면서 내는 소리: ㄹ(르)

이 사이로 공기를 세게 내보내며 내는 소리: ㅅ(스) ㅆ(쓰)

혀를 센입천장에 댔다 떼면서 내는 소리: ㅈ(즈) ㅉ(쯔) ㅊ(츠)

혀뿌리가 목구멍을 막았다 떼면서 내는 소리: ㄱ(그) ㄲ(끄) ㅋ(크)

목구멍에서 숨을 많이 내보내며 내는 소리: ㅎ(흐)

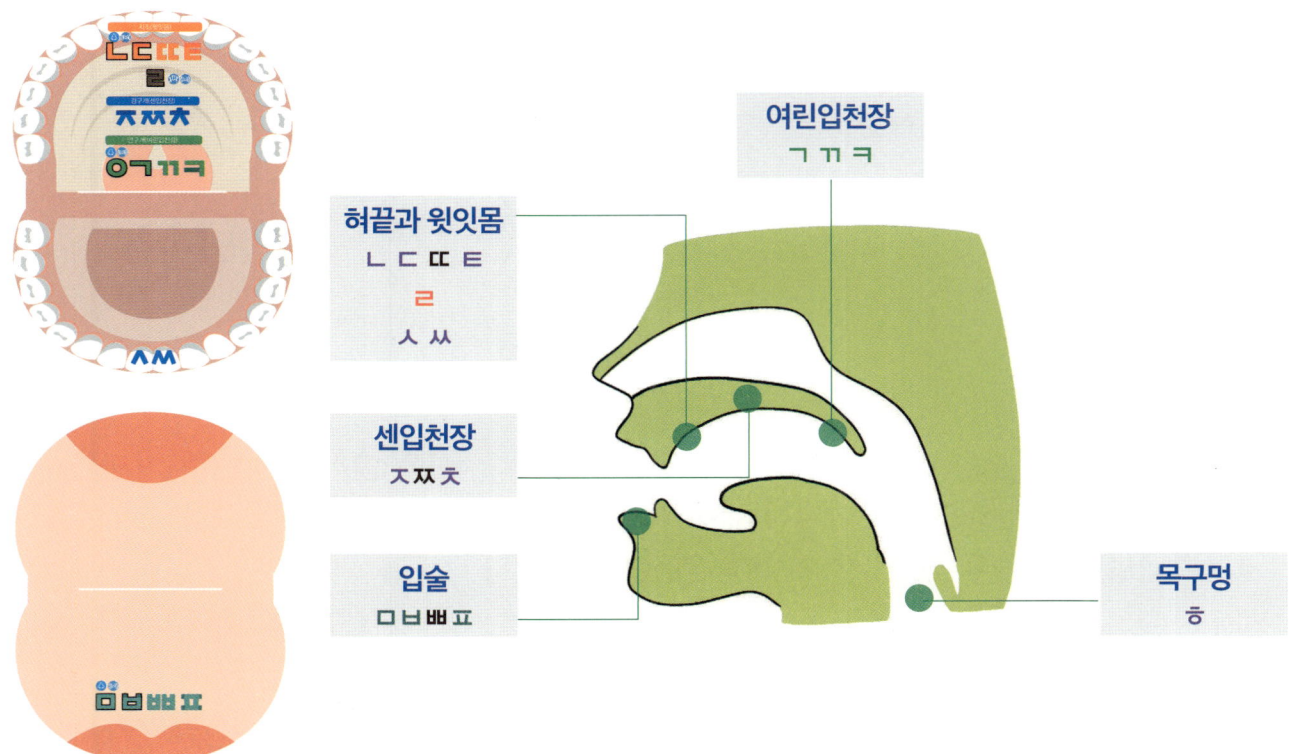

2부 표기와 소리가 일치하는 글자 쓰기
3회 첫소리를 예사소리, 된소리, 거센소리로 구분해서 써요

1 다음 글을 읽고, 문제를 푸세요.

> ㄱ ㄷ ㅂ ㅅ ㅈ을 발음할 때 힘을 많이 주지 않습니다. 숨을 거세게 내보내지 않습니다. 힘을 많이 주지 않고 숨을 거세게 내보내지 않으며 내는 소리를 **예사소리**라고 합니다. 첫소리 중 ㄱ ㄷ ㅂ ㅅ ㅈ은 예사소리입니다.

❶ 첫소리 중 예사소리를 쓰세요.

| ㄱ | | | | |

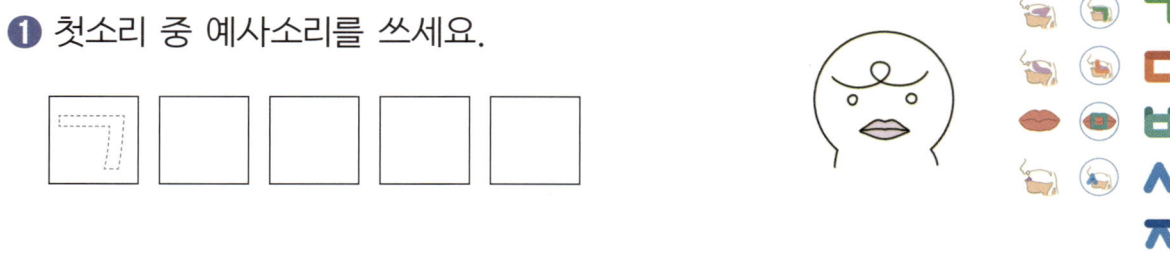

> ㄲ ㄸ ㅃ ㅆ ㅉ은 힘을 많이 주며 내는 소리입니다. 목과 혀, 입술에 힘을 많이 주어 내는 소리를 **된소리**라고 합니다. 같은 글자가 2개 있는 자음자로 된소리를 나타냅니다. 첫소리 중 ㄲ ㄸ ㅃ ㅆ ㅉ은 된소리입니다.

❷ 첫소리 중 된소리를 쓰세요.

| ㄲ | | | | |

> ㅋ ㅌ ㅍ ㅊ은 숨을 많이 내보내며 내는 소리입니다. 숨을 많이 내보내며 거세게 내는 소리를 **거센소리**라고 합니다. ㄱ ㄷ ㅂ ㅈ에 획을 더한 자음자로 거센소리를 나타냅니다. 첫소리 중 ㅋ ㅌ ㅍ ㅊ은 거센소리입니다.

❸ 첫소리 중 거센소리를 쓰세요.

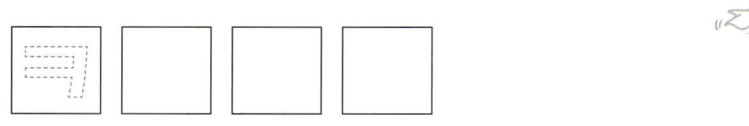
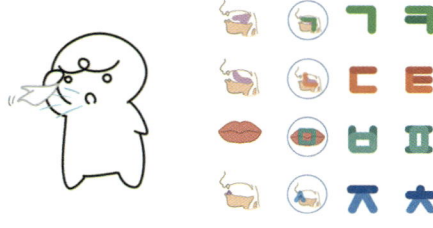

표기와 소리가 일치하는 글자 쓰기
3회 첫소리를 예사소리, 된소리, 거센소리로 구분해서 써요

1 거센소리(ㅋ ㅌ ㅍ ㅊ)가 들어간 글자에 ○표 하세요.

(코)끼리　　기차　　아빠　　타조
아저씨　　찌개　　버스　　까치
메뚜기　　포도　　키위　　피에로

> ㄱ ㄷ ㅂ ㅈ에 획을 더한 자음자로 거센소리를 나타내요.

2 된소리(ㄲ ㄸ ㅃ ㅆ ㅉ)가 들어간 글자에 ○표 하세요.

코(끼)리　　기차　　아빠　　타조
아저씨　　찌개　　버스　　까치
메뚜기　　포도　　키위　　피에로

> 같은 글자가 2개 있는 자음자로 된소리를 나타내요.

3 그림을 보고, 알맞은 글자를 빈칸에 쓰세요.

코□리　　□치
□도　　메□기
아저□　　□조
□스　　□에로

> 버스, 피에로처럼 외국에서 온 말은 된소리처럼 들려도 된소리로 적지 않아요.

2부 표기와 소리가 일치하는 글자 쓰기
3회 첫소리를 예사소리, 된소리, 거센소리로 구분해서 써요

1 다음 글을 읽고, 문제를 푸세요.

> ㅋ ㅌ ㅍ ㅊ은 숨을 많이 내보내며 발음하는 거센소리입니다.
> 예사소리 자음자에 획을 더하면 거센소리 자음자가 됩니다.
> ㄱ→ㅋ   ㄷ→ㅌ   ㅂ→ㅍ   ㅅ→ㅊ

▶ 예사소리 자음자에 획을 더해 거센소리 자음자를 쓰세요.

ㄱ→☐   ㄷ→☐   ㅂ→☐   ㅅ→☐

2 다음 글을 읽고, 문제를 푸세요.

> ㅎ은 모음보다 숨을 더 많이 내보내는 소리입니다.
> ㅇ에 두 획을 더하면 ㅎ이 됩니다. ㅇ→ㅎ 아기 하마

▶ 그림을 보고, 빈칸에 **아** 또는 **하**를 쓰세요.

3 다음 글을 읽고, 문제를 푸세요.

> ㄲ ㄸ ㅃ ㅆ ㅉ은 힘을 주어 발음하는 된소리입니다.
> 예사소리 자음자를 2번 쓰면 된소리 자음자가 됩니다.
> ㄱ→ㄲ   ㄷ→ㄸ   ㅂ→ㅃ   ㅅ→ㅆ   ㅈ→ㅉ

▶ 예사소리 자음자를 2번 써서 된소리 자음자를 쓰세요.

ㄱ→☐   ㄷ→☐   ㅂ→☐   ㅅ→☐   ㅈ→☐

표기와 소리가 일치하는 글자 쓰기
3회 첫소리를 예사소리, 된소리, 거센소리로 구분해서 써요

1 빨간 글자에 ○표 하며, 다음 낱말을 읽으세요.

고추 　 코끼리 　 꼬리	두루미 　 외투 　 메뚜기
바다 　 파도 　 아빠	가지 　 치타 　 찌개
시소 　 아저씨	아기 　 하마

2 다음 그림을 보고, 빈칸에 알맞은 글자를 **1**에서 찾아 쓰세요.

☐추   ☐끼리   ☐리

☐루미   외☐   메☐기

바다   ☐도   아☐

가☐   ☐타   ☐개

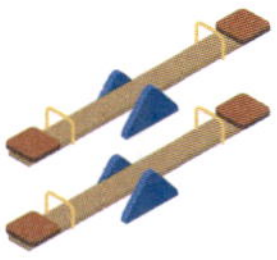

☐소   아저☐

☐기   ☐마

2부 표기와 소리가 일치하는 글자 쓰기
4회 단모음과 이중 모음을 정확하게 발음하고 써요

1 단모음과 이중 모음을 비교하며 발음해 보세요.

ㅏ ㅘ	ㅓ ㅝ	ㅣ ㅢ	ㅣ ㅟ	ㅐ ㅙ
가 과	허 훠	이 의	지 쥐	대 돼

2 다음 글을 읽고, 빈칸에 알맞은 이중 모음을 쓰세요.

ㅣ + 단모음 — ㅣ와 단모음을 빠르게 이어 말하면 이중 모음이 됩니다.
ㅏ ㅓ ㅗ ㅜ ㅐ ㅔ에 획을 더해 이중 모음을 나타냅니다.

ㅣ + ㅏ → ㅑ   ㅣ + ㅓ → ㅕ   ㅣ + ㅗ → ㅛ
ㅣ + ㅜ → ㅠ   ㅣ + ㅐ → ㅒ   ㅣ + ㅔ → ㅖ

ㅣ + ㅏ → ☐   ㅣ + ㅓ → ☐   ㅣ + ㅗ → ☐
ㅣ + ㅜ → ☐   ㅣ + ㅐ → ☐   ㅣ + ㅔ → ☐

ㅡ ㅗ ㅜ + 단모음 — 두 단모음을 빠르게 이어 말하면 이중 모음이 됩니다.
두 단모음을 나란히 써서 이중 모음을 나타냅니다.

ㅡ + ㅣ → ㅢ   ㅜ + ㅣ → ㅟ   ㅗ + ㅏ → ㅘ
ㅜ + ㅓ → ㅝ   ㅗ + ㅐ → ㅙ   ㅜ + ㅔ → ㅞ

ㅡ + ㅣ → ☐   ㅜ + ㅣ → ☐   ㅗ + ㅏ → ☐
ㅜ + ㅓ → ☐   ㅗ + ㅐ → ☐   ㅜ + ㅔ → ☐

표기와 소리가 일치하는 글자 쓰기
4회 단모음과 이중 모음을 정확하게 발음하고 써요

1 발음하는 동안 입 모양이 바뀌는 모음은 이중 모음입니다. 이중 모음이 들어간 글자에 ○표 하세요.

| 하 ⓧ화 | 어 여 | 기 귀 | 애 왜 |
| 해 회 | 서 쉬 | 이 의 | 치 취 |

단모음은 같은 소리를 2번 발음할 때 입 모양이 바뀌지 않아요. (아 아)
이중 모음은 같은 소리를 2번 발음하면 입 모양이 바뀌어요. (와 와)

2 다음 낱말에서 이중 모음을 찾아 빈칸에 쓰세요.

다람쥐 [ㅟ]   화가 [ ]   돼지 [ ]   귀 [ ]   요리사 [ ]

시계 [ ]   사과 [ ]   가위 [ ]   의사 [ ]   왜가리 [ ]

3 다음 그림을 보고, 빈칸에 알맞은 글자를 **2**에서 찾아 쓰세요.

다람 [ ]   [ ]가   [ ]지

[ ]   [ ]리사   시[ ]

사[ ]   가[ ]   [ ]사

잠깐 학교 문법에서는 ㅟ ㅚ를 단모음으로 분류하지만 현실 발음을 고려해 이중 모음으로 취급했습니다.

2부 표기와 소리가 일치하는 글자 쓰기
4회 단모음과 이중 모음을 정확하게 발음하고 써요

1 다음 글을 읽고, 밑줄 친 부분을 한 글자로 바꿔 쓰세요.

두 모음이 줄어들면 이중 모음이 됩니다.

ㅣ+ㅔ→ㅖ

이+에→예
심청이이에요→심청이예요

니+에→녜
아니에요→아녜요

❶ 아니에요. → 아□요.

ㅗ+ㅏ→ㅘ

오+아→와
오아요→와요

쏘+아→쏴
쏘아요→쏴요

보+아→봐
보아요→봐요

❷ 공룡 인형을 보아요. → 공룡 인형을 □요.

ㅜ+ㅓ→ㅝ

우+어→워
싸우어요→싸워요

두+어→둬
두어요→둬요

무+어→뭐
무어라고?→뭐라고?

쑤+어→쒀
쑤어요→쒀요

주+어→줘
주어요→줘요

추+어→춰
추어요→춰요

❸ 바나나를 주어요. → 바나나를 □요.

❹ 춤을 추어요. → 춤을 □요.

표기와 소리가 일치하는 글자 쓰기
4회 단모음과 이중 모음을 정확하게 발음하고 써요

1 다음 글을 읽고, 밑줄 친 부분을 한 글자로 바꿔 쓰세요.

> ㅣ+ㅓ→ㅕ
>
> 두 모음이 줄어들면 이중 모음이 됩니다.
>
> **나무이어요 → 나무여요**   **안기어요 → 안겨요**
>
> **달리어요 → 달려요**   **하시어요 → 하셔요**

❶ 사과나무이어요. → 사과나무 ☐ 요.

❷ 드라마를 보시어요. → 드라마를 보 ☐ 요.

> **지어 치어 찌어**가 준 말을 쓸 때는 반드시 **져 쳐 쪄**로 써야 합니다.
> **져 쳐 쪄**는 [저] [처] [쩌]로 발음됩니다.
>
> 지+어→져[저]   치+어→쳐[처]   찌+어→쪄[쩌]
>
> 지어요→져요   치어다보아요→쳐다봐요   찌어요→쪄요

❸ **저**녁에 짐을 가지어 와요. → **저**녁에 짐을 가 ☐ 와요.

❹ 아이가 사자를 **처**음 보고 소리치어요. → 아이가 사자를 **처**음 보고 소리 ☐ 요.

❺ 어**쩌**면 며칠 동안 감자만 찌어 먹어야 할지도 몰라요.
  → 어**쩌**면 며칠 동안 감자만 ☐ 먹어야 할지도 몰라요.

2부 표기와 소리가 일치하는 글자 쓰기
4회 단모음과 이중 모음을 정확하게 발음하고 써요

1 ㅐ ㅔ가 있는 글자에 ○표 하고, 낱말을 읽으세요.

 찌개　 지게　 시내　 그네

 참새　 세수　 매미　 메뚜기

 고래　 벌레　해님　 헤엄

 가재　 제비　 배　 베짱이

2 그림을 보고, 빈칸에 알맞은 글자를 쓰세요.

 참 □　　 □ 뚜기　　 고 □

3 ㅚ ㅙ ㅞ가 있는 글자에 ○표 하고, 낱말을 읽으세요.

| 외할머니 | 스웨터 | 왠지 | 회사 | 돼지 |
| 왜냐하면 | 왜가리 | 웬일 | 훼방 | 된장 |

4 그림을 보고, 빈칸에 알맞은 글자를 쓰세요.

 □ 할머니　　 스 □ 터　　  □ 지

> ㅐ는 ㅔ보다 입을 크게 벌리고 발음해야 하지만, 똑같이 발음하는 사람이 많아요.
> ㅚ ㅙ ㅞ도 비슷하게 소리 나는 모음이에요. 구분해서 쓰도록 주의해요.

44

표기와 소리가 일치하는 글자 쓰기
4회 단모음과 이중 모음을 정확하게 발음하고 써요

1 다음 글을 읽고, 빈칸에 알맞은 글자를 쓰세요.

> 개 게 계를 구분해서 씁니다.
> **개**가 짖는다. 꽃**게**가 기어간다. 가**게**에 간다. 시**계**를 본다. 할머니가 **계**시다.

❶ 꽃☐    가☐    시☐

> 왜인지가 줄면 왠지가 됩니다. **왜**인지 → **왠**지
> **왠**지 좋은 일이 생길 것 같다.

❷ ☐지 기분이 좋아졌어요.

> ㅏㅣ가 줄면 ㅐ가 됩니다. 아이 → 애   어느 사이에 → 어느새
> 어느새 해가 졌다.

❸ 어느☐ 겨울이 되었어요.

> 금세는 금시에가 준 말입니다. 금**시에** → 금**세**
> 금세 눈이 녹았다.

❹ 어제 만났는데 금☐ 친해졌어요.

2부 표기와 소리가 일치하는 글자 쓰기
5회 끝소리는 [ㄱ ㄴ ㄷ ㄹ ㅁ ㅂ ㅇ] 7개로 소리 나요

1 다음 글을 읽고, 문제를 푸세요.

> 말소리에서 맨 끝에 오는 소리를 **끝소리**라고 합니다.
> **받침**은 모음 아래에 받쳐 써서 끝소리를 나타내는 자음자를 말합니다.
>
> 청 — 첫소리: ㅊ / 가운뎃소리(모음): ㅓ / 끝소리(받침): ㅇ
> 끌 — 첫소리: ㄲ / 가운뎃소리(모음): ㅡ / 끝소리(받침): ㄹ

▶ 끝소리를 나타내는 받침을 빈칸에 쓰세요.

 목  눈  숟 길

 곰  집  공

2 다음 글을 읽고, 낱말의 끝소리(받침)를 빈칸에 쓰세요.

> 끝소리는 ㄱ ㄴ ㄷ ㄹ ㅁ ㅂ ㅇ 7개입니다. 끝소리는 모음 다음에 옵니다. 자음이 끝소리를 나타낼 때는 모음 으에 자음을 붙여 **윽 은 읃 을 음 읍 응** 하고 부르기도 합니다.

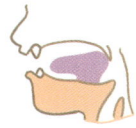 혀뿌리가 목구멍을 막으며 내는 끝소리

ㄱ 학 목 북 [ㄱ]   ㅇ 공 방 멍 [ㅇ]

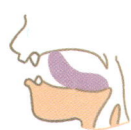 혀끝을 윗잇몸에 대고 내는 끝소리

ㄴ 번 눈 산 [ ]   ㄷ 받 믿 숟 [ ]

ㄹ 물 살 길 [ ]

 입을 다물며 내는 끝소리

ㅁ 김 밤 곰 [ ]   ㅂ 입 집 탑 [ ]

46

표기와 소리가 일치하는 글자 쓰기
5회 끝소리는 [ㄱ ㄴ ㄷ ㄹ ㅁ ㅂ ㅇ] 7개로 소리 나요

1 다음 글자를 발음해 보고, 문제를 푸세요.

▶ 다음 그림을 보고, 맞는 끝소리를 빈칸에 쓰세요.

2 다음 글자를 발음해 보고, 문제를 푸세요.

▶ 다음 그림을 보고, 맞는 끝소리를 빈칸에 쓰세요.

47

2부 표기와 소리가 일치하는 글자 쓰기
5회 끝소리는 [ㄱㄴㄷㄹㅁㅂㅇ] 7개로 소리 나요

1 다음 글자를 발음해 보고, 문제를 푸세요.

▶ 다음 그림을 보고, 맞는 끝소리를 빈칸에 쓰세요.

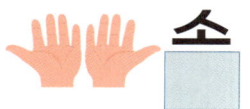 소☐　 수가락　 여☐　 거다

2 다음 글자를 발음해 보고, 문제를 푸세요.

▶ 다음 그림을 보고, 맞는 끝소리를 빈칸에 쓰세요.

 버☐　 푸☐　 다☐　 타☐

3 다음 그림을 보고, 맞는 끝소리를 빈칸에 쓰세요.

 무☐　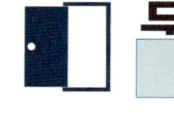 무다　

 마☐　 부☐　 푸☐　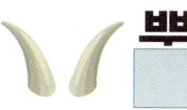 뿌☐

표기와 소리가 일치하는 글자 쓰기
5회 끝소리는 [ㄱ ㄴ ㄷ ㄹ ㅁ ㅂ ㅇ] 7개로 소리 나요

1 다음 글을 읽고, 문제를 푸세요.

> 목에 손을 대고 다음 글자를 길게 소리 내어 읽어 보세요. **은 을 음 응**
> 길게 소리 낼 수 있고 소리 내는 동안 목이 계속 울립니다. **ㄴ ㄹ ㅁ ㅇ**과 같이 목이 계속 울리는 소리를 **울림소리**라고 합니다.

❶ 목에 손을 대고 다음 글자를 읽어 보세요.

산    길    밤    강

❷ 끝소리 ㄱ ㄴ ㄷ ㄹ ㅁ ㅂ ㅇ 중에서 울림소리를 쓰세요.

| ㄴ |  |  | |

2 다음 글을 읽고, 문제를 푸세요.

> 목에 손을 대고 다음 글자를 길게 소리 내어 읽어 보세요. **윽 읃 읍**
> 길게 소리 낼 수 없고 목이 계속 울리지 않습니다. **ㄱ ㄷ ㅂ**과 같이 목이 계속 울리지 않는 소리를 **안울림소리**라고 합니다.

❶ 목에 손을 대고 다음 글자를 읽어 보세요.

북    닫    집

❷ 끝소리 ㄱ ㄴ ㄷ ㄹ ㅁ ㅂ ㅇ 중에서 안울림소리를 쓰세요.

| ㄱ |  | |

2부 표기와 소리가 일치하는 글자 쓰기
5회 끝소리는 [ㄱ ㄴ ㄷ ㄹ ㅁ ㅂ ㅇ] 7개로 소리 나요

1 울림소리인 ㅇ ㄴ ㄹ ㅁ 받침에 ○표 하며 다음 낱말을 읽으세요.

2 다음 그림을 보고, 울림소리 끝소리를 빈칸에 쓰세요.

목에 손을 대고 ㅇ ㄴ ㄹ ㅁ 받침 글자를 발음하면 목이 계속 울려요. ㅇ ㄴ ㄹ ㅁ은 울림소리예요.

3 다음 그림을 보고, 알맞은 글자를 빈칸에 쓰세요.

표기와 소리가 일치하는 글자 쓰기
5회 끝소리는 [ㄱ ㄴ ㄷ ㄹ ㅁ ㅂ ㅇ] 7개로 소리 나요

1 안울림소리인 ㄱ ㄷ ㅂ 받침이 들어간 글자에 ○표 하며 다음 낱말을 읽으세요.

 축구    늑대    박수    약국

숟가락    돋보기    싣다    걷자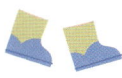

 접시    춥다    입구    잡지

> 안울림소리 ㄱ ㄷ ㅂ 받침 뒤에 오는 ㄱ ㄷ ㅂ ㅅ ㅈ은 된소리 (ㄲ ㄸ ㅃ ㅆ ㅉ)로 발음해요. 쓸 때는 된소리로 쓰지 않아요.

2 다음 그림을 보고, 안울림소리 끝소리를 빈칸에 쓰세요.

 야구□    모□    채□

 수가라□    거자□    시다□

 추다□   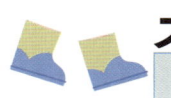 자지□    더다□

3 다음 그림을 보고, 알맞은 글자를 빈칸에 쓰세요.

□   □보기   구□   □대

 책□    양□    □두

> 잠깐 문제를 스스로 풀 수 없다면 답을 알려 주고 『한글 척척 읽기 2권』 홑받침 글자 편을 읽혀 주세요.

3부 표기와 소리가 일치하지 않는 글자 쓰기

6회 받침이 모음으로 넘어가서 소리 나요
7회 ㄱ ㅋ ㄲ 받침은 [ㄱ]으로, ㅂ ㅍ 받침은 [ㅂ]으로 소리 나요
8회 ㄷ ㅌ ㅈ ㅊ 받침이 [ㄷ]으로 소리 나요
9회 ㅅ ㅆ 받침이 [ㄷ]으로 소리 나요
10회 겹받침 뒤에 모음이 오면 두 받침이 차례로 소리 나요

학습 목표

1 어미, 조사 구분해서 쓰기
❶ 이 은 을 에 으로 등의 조사를 받침과 구분해서 씁니다.
❷ 어 아 으러 등의 어미를 받침과 구분해서 씁니다.

2 음절의 끝소리 규칙 이해하기
❶ 음절의 끝이나 자음 앞에서 모든 받침은 [ㄱ ㄴ ㄷ ㄹ ㅁ ㅂ ㅇ] 중 하나로 발음됩니다.
❷ ㄱ ㅋ ㄲ 받침은 음절의 끝이나 자음 앞에서 모두 [ㄱ]으로 소리 납니다.
❸ ㅍ 받침은 음절의 끝이나 자음 앞에서 모두 [ㅂ]으로 소리 납니다.
❹ ㄷ ㅌ ㅈ ㅊ ㅅ ㅆ 받침은 음절의 끝이나 자음 앞에서 모두 [ㄷ]으로 소리 납니다.
❺ 겹받침도 음절의 끝이나 자음 앞에서 [ㄱ ㄴ ㄷ ㄹ ㅁ ㅂ ㅇ] 중 하나로 소리 납니다.

3 연음 활용해 받침 기억하기
❶ 낱말 뒤에 모음이 오면 받침의 원래 소리를 쉽게 알 수 있습니다.
❷ 겹받침 뒤에 모음이 오면 2개의 받침이 모두 발음되어 겹받침을 쉽게 기억할 수 있습니다.

학습 내용

- 연음: 받침으로 끝난 말에 모음이 연결되면 앞의 받침을 뒤 음절의 첫소리로 발음. 소리를 옮겨 발음할 뿐이고, 소리가 바뀌는 것은 아니므로 음운 변동이 아니지만 표기와 발음이 달라짐. 연음 법칙은 모음이 형식형태소(조사, 어미)일 때 적용됨.
- 음절의 끝소리 규칙: 음절의 끝에서 받침은 [ㄱ ㄴ ㄷ ㄹ ㅁ ㅂ ㅇ] 7개 소리 중 하나로 발음.
- 자음군 단순화: 어말에 겹받침이 오면, 2개 받침 중에서 하나만 발음.

오답 유형과 지도법

❶ 같은 소리로 나는 받침 글자를 혼동합니다.

➡ **묵다 묶다 / 입 잎 / 갔다 같다 / 빗 빛 빚** 등 같은 소리로 나는 받침을 잘못 쓰는 것은 받아쓰기에서 흔히 나타나는 오류 중의 하나입니다.
음절의 끝에 올 수 있는 끝소리는 ㄱ ㄴ ㄷ ㄹ ㅁ ㅂ ㅇ 7개입니다. 받침은 ㄱ ㄴ ㄷ ㄹ ㅁ ㅂ ㅇ 외에 20개가 더 있습니다. 글자는 다른데 같은 끝소리로 읽는 글자가 많습니다. 받침 글자 뒤에 모음이 오게 해서 받침의 음가를 알게 합니다.

❷ ㅅ 받침과 ㅆ 받침을 혼동합니다.

➡ ㄷ ㅌ ㅈ ㅊ ㅅ ㅆ 받침은 음절의 끝에서 모두 [ㄷ] 소리가 납니다. 반드시 받침 뒤에 모음이 오는 글자와 함께 기억하게 합니다. [ㄷ] 소리가 나는 받침 글자 중에서 가장 많이 쓰이는 받침이 ㅅ ㅆ입니다. [ㄷ] 소리가 나는 대부분의 글자는 ㅅ 받침으로 씁니다.
(파릇파릇 울긋불긋 방긋방긋 기웃기웃 로봇 초콜릿 도넛 삿갓 웃다)
ㅆ 받침은 **있, 겠, 전에 했던 일을 나타내는 말** 이외에는 쓰지 않습니다. ㅆ 받침이 쓰이는 경우를 꼭 기억하도록 합니다.

❸ 조사와 어미를 구분해서 쓰지 않고 소리 나는 대로 씁니다.

➡ 초등학생 이하 학습자는 연음 법칙을 예문을 통해 직관적으로 익히게 합니다. **이 은 을 에 으로 어 아 으러** 등의 조사와 어미는 받침과 구분해서 써야 한다는 것을 꼭 알려 줍니다. 소리 나는 대로 쓰면 글자의 뜻을 알기 어렵기 때문입니다.
『받아쓰기 척척 + 속담 100』에서는 [ ] 발음과 낱말의 짜임 형태로 발음과 표기의 관계를 보여 줍니다. 발음은 [ ] 안에 회색으로 제시합니다. **발음이[바르미]발음+이**

> **잠깐**
>
> 사전에서는 된소리 앞 ㄷ 끝소리 음가를 2가지 형태로 보여 줍니다. 냇가[내까] [낻까]
> 『받아쓰기 척척 + 속담 100』에서는 끝소리가 ㄷ으로 바뀌었다는 것을 명확하게 보여 주기 위해 ㄷ이 들어간 **[낻까]** 형태로 제시했습니다.
> 본격적인 받아쓰기가 시작됩니다. 10개 문장을 한 번에 받아쓰기하지 말고 1문장씩 받아쓰기하는 것이 좋습니다.

3부 6회 받침이 모음으로 넘어가서 소리 나요

표기와 소리가 일치하지 않는 글자 쓰기

1 다음 문장을 한 자 한 자 글자 그대로 읽어 보세요.

우 산 을 접 어 요

수 박 을 먹 은 후 밥 을 먹 어 요

물 이 있 어 요

2 다음 문장을 말하는 것처럼 자연스럽게 읽어 보세요.

우산을 접어요.
[우사늘   저버요]

수박을 먹은 후 밥을 먹어요.
[수바글   머근   후   바블   머거요]

물이 있어요.
[무리   이써요]

3 더 읽기 편한 문장에 ○표 하세요.

우 산 을 접 어 요 한 자 한 자 글자 그대로 읽은 문장 ·········· [   ]

우산을 접어요[우사늘 저버요] 자연스럽게 이어서 읽은 문장 ·········· [   ]

4 ❶과 ❷ 중에서 문장의 뜻을 더 쉽게 알 수 있는 것은 무엇입니까? [   ]

❶ 우산을 접어요.
  밥을 먹어요.
  물이 있어요.

❷ 우사늘 저버요.
  바블 머거요.
  무리 이써요.

표기와 소리가 일치하지 않는 글자 쓰기
6회 받침이 모음으로 넘어가서 소리 나요

1 다을 글을 읽고, 문제를 푸세요.

> **쓸 때**
>
> 밥+을 먹+어와 같이 뜻이 잘 드러나도록 받침과 을 이 어 아 등을 따로 씁니다.
>
> **읽을 때**
>
> [바블 머거]와 같이 발음하기 편하게 읽습니다.
>
>

▶ 바르게 쓴 문장에 ○표 하세요.

[밥을 먹어. / 바블 머거.]

2 [ ] 발음과 낱말의 짜임을 보고, 빈칸에 알맞은 글자를 쓰세요.

❶ [자믈]잠+을
   잠 ☐ 자요.

❷ [누니]눈+이
   눈 ☐ 내려요.

❸ [머거요]먹+어요
   밥을 먹 ☐☐ .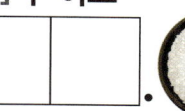

❹ [나라요]날+아요
   새가 날 ☐☐ .

❺ [소늘]손+을   [수거느로]수건+으로
   손 ☐ 씻고 수건 ☐☐ 닦아요.

❻ [커베]컵+에 [무를]물+을 [다마요]담+아요
   컵 ☐ 물 ☐ 담 ☐☐ .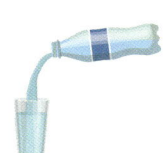

55

3부

표기와 소리가 일치하지 않는 글자 쓰기
6회 받침이 모음으로 넘어가서 소리 나요

1 빨간 글자에 주의하며 다음 문장을 읽으세요.

아니, 벌써 다 먹었어.    집 안이 어두워요.

새가 부리로 쪼아요.    산에 불이 났어요.

언덕 너머로 해가 져요.    산을 넘어 왔어요.

아니, 부리, 너머는 한 낱말입니다.
안+이, 불+이, 넘(다)+어는 두 말이 합쳐진 말입니다. 두 말이 합쳐질 때 소리 나는 대로 쓰지 않습니다. 이 을 에 으로 아서 어서 아요 어요 등을 받침과 구별해 씁니다.

- 기린이 잎을 먹어요.
  기린+이 잎+을 먹+어요

- 컵에 물을 담아요.
  컵+에 물+을 담+아요

쓸 때는 말의 뜻을 잘 드러내기 위해서 받침과 모음을 구별해 써요. 읽을 때는 발음하기 편하게 읽어요.   **밥을 먹어요.**
[바블 머거요]

2 [ ] 발음과 낱말의 짜임을 보고, 빈칸에 알맞은 말을 쓰세요.

[이브로]입+으로   [나파를]나팔+을 [부러요]불+어요

❶ 입☐☐ 나팔☐ 불☐☐.

[수영보글]수영복+을   [무레서]물+에서   [노라요]놀+아요

❷ 수영복☐ 입고 물☐☐ ☐☐☐.

표기와 소리가 일치하지 않는 글자 쓰기
6회 받침이 모음으로 넘어가서 소리 나요

1 [ ] 발음과 낱말의 짜임을 보고, 빈칸에 알맞은 말을 쓰세요.

① [수바글]수박+을   [머글]먹+을 거예요.

② [새드리]새+들+이   [나라요]날+아요.

③ [사늘]산+을   [너머]넘+어 왔어요.

④ [바라미]바람+이   [부러요]불+어요.

⑤ [조븐]좁+은   [지베서]집+에서   [사라요]살+아요.

⑥ [양마를]양말+을   [버서요]벗+어요.

⑦ [하느레]하늘+에   [다리]달+이   [떠써요]떴+어요.

3부

표기와 소리가 일치하지 않는 글자 쓰기

6회 받침이 모음으로 넘어가서 소리 나요

1 다음 문장을 보고 쓰세요. 받아쓰기할 때 틀릴 것 같은 글자를 잘 보세요.

❶ 가위 사러 가게에 가요.

❷ 고래는 바다에서 살아요.

❸ 아기가 잠을 자요.

> 이중 모음, 소리는 같은데 글자가 다른 모음, [저][처]로 소리 나는 **져 쳐**, 된소리, 받침 뒤에 오는 모음 등에 주의해요.

❹ 감이 익어 가요.

❺ 참새가 짹짹 울어요.

❻ 기린이 깡충 뛰어요.

❼ 장난감을 가지고 놀아요.

❽ 서랍에서 옷을 꺼내요.

> 가지어 와요 → 가져와요
> ㅣㅓ가 줄어든 말은 ㅕ를 써요.

❾ 수영복이 몸에 맞아요.

❿ 숟가락을 가져와요.

표기와 소리가 일치하지 않는 글자 쓰기
6회 받침이 모음으로 넘어가서 소리 나요

1 잘 듣고 받아쓰기한 후 틀린 글자를 고치세요.

3부

표기와 소리가 일치하지 않는 글자 쓰기

7회 ㄱ ㅋ ㄲ 받침은 [ㄱ]으로, ㅂ ㅍ 받침은 [ㅂ]으로 소리 나요

1 빨간 글자에 주의하며 다음 낱말을 읽어 보세요.

| 수박 창**밖** [창박] | 낙서 낚시 [낙씨] | 깍두기 깎다 [깍따] | 복숭아 볶다 [복따] | 억지 부엌 [부억] | 저녁 동녘 [동녁] |

2 다음 글을 읽고, 문제를 푸세요.

> ㄱ ㅋ ㄲ이 첫소리에 오면 예사소리, 거센소리, 된소리로 나누어집니다. 끝소리에는 거센소리, 된소리가 없습니다. 받침 ㄱ ㅋ ㄲ은 모두 [ㄱ]으로 소리 납니다.

▶ 끝소리가 [ㄱ]으로 발음되는 글자에 ○표 하세요.

끝소리에서는 ㅋ ㄲ 같은 거센소리나 된소리를 낼 수 없어요.

3 같은 소리가 나는 글자끼리 선을 이으세요.

억 •   • 깎   묵 •   • 섞
녘 •   • 닥   석 •   • 박
깍 •   • 억   밖 •   • 묶
낙 •   • 녘   역 •   • 복
닭 •   • 낚   복 •   • 엮

4 [ㄱ]으로 소리 나는 받침을 쓰세요.

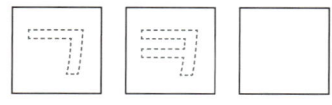

표기와 소리가 일치하지 않는 글자 쓰기
7회 ㄱ ㅋ ㄲ 받침은 [ㄱ]으로, ㅂ ㅍ 받침은 [ㅂ]으로 소리 나요

1 다음 낱말에서 끝소리가 [ㄱ]인 글자에 ○표 하세요.

| 부엌 | 낙서 | 수박 | 복숭아 | 저녁 | 깍두기 |
| 억지로 | 낚시 | 창밖 | 볶다 | 동녘 | 깎다 |

2 다음 글을 읽고, 문제를 푸세요.

> 부엌에[부어케]   창밖이[창바끼]   볶은[보끈]
> 부엌을[부어클]   닦아요[다까요]   섞어요[서꺼요]
>
> 받침 뒤에 **이 은 을 아 어** 같은 모음이 오면 받침을 쉽게 알 수 있습니다.
> **부엌 볶다**와 같이 받침 뒤에 모음이 없으면 받침을 알기 어렵습니다.
> **부엌에 볶아요**처럼 받침 뒤에 모음을 붙여 받침 글자를 쉽게 기억하도록 합니다.

▶ 맞는 발음에 ○표 하세요.

부엌에[부어게 / 부어케]   창밖을[창바끌 / 창바글]
깎아요[까가요 / 까까요]   묶어[무꺼 / 무거]

3 [ ] 발음과 낱말의 짜임을 보고, 빈칸에 알맞은 말을 쓰세요.

❶ [부어케서]부엌+에서 ☐☐☐☐ 그릇을 [다까요]닦+아요 ☐☐☐.

❷ [수바글]수박+을 ☐☐☐ 먹고 [창바끌]창+밖+을 ☐☐☐ 봐요.

3부 표기와 소리가 일치하지 않는 글자 쓰기
7회 ㄱ ㅋ ㄲ 받침은 [ㄱ]으로, ㅂ ㅍ 받침은 [ㅂ]으로 소리 나요

1 빨간 글자에 ○표 하며 다음 낱말을 읽어 보세요.

| 입
잎
[입] | 엽서
옆집
[엽찝] | 압정
앞치마
[압치마] | 집
짚신
[집씬] | 겁쟁이
헝겊
[헝겁] |

2 다음 글을 읽고, 문제를 푸세요.

> ㅂ ㅍ이 첫소리에 오면 예사소리, 거센소리로 나누어집니다. 끝소리에는 거센소리가 없습니다. 받침 ㅂ ㅍ은 모두 [ㅂ]으로 소리 납니다.

▶ 끝소리가 [ㅂ]으로 발음되는 글자에 ○표 하세요.

입 잎 임 옆 열 짚 직 앞

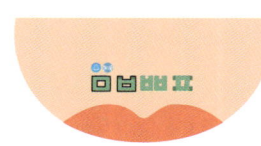

3 같은 소리가 나는 글자끼리 선을 이으세요.

입 •　　　• 압　　겁 •　　　• 숲
집 •　　　• 잎　　싶 •　　　• 겊
앞 •　　　• 짚　　숩 •　　　• 십
엽 •　　　• 갑　　릎 •　　　• 덮
값 •　　　• 옆　　덥 •　　　• 릅

4 [ㅂ]으로 소리 나는 받침을 쓰세요.

표기와 소리가 일치하지 않는 글자 쓰기
7회 ㄱ ㅋ ㄲ 받침은 [ㄱ]으로, ㅂ ㅍ 받침은 [ㅂ]으로 소리 나요

1 다음 낱말에서 끝소리가 [ㅂ]인 글자에 ○표 하세요.

| 초가(집) | 지갑 | 덥다 | 오십 | 엽서 | 압정 | 무릎 |
| (짚)신 | 갚다 | 덮다 | 싶다 | 옆집 | 앞산 | 숲속 |

2 다음 글을 읽고, 문제를 푸세요.

받침 뒤에 **이 은 을 에 으 어** 같은 모음이 오면 받침을 쉽게 알 수 있습니다.
옆집 볶다와 같이 받침 뒤에 모음이 없으면 받침을 알기 어렵습니다.
옆에 볶아요처럼 받침 뒤에 모음을 붙여 받침 글자를 기억하도록 합니다.

▶ 맞는 발음에 ○표 하세요.

짚을 [(지플) / 지블]   앞으로 [아프로 / 아브로]

숲이 [수피 / 수비]   무릎에 [무르베 / 무르페]

3 [ ] 발음과 낱말의 짜임을 보고, 빈칸에 알맞은 말을 쓰세요.

❶ 은혜를　[가픈]갚+은　□□　까마귀.

❷ [지프로]짚+으로 □□□　[초가지블]초가집+을 □□□□　지어요.

3부

표기와 소리가 일치하지 않는 글자 쓰기

7회 ㄱ ㅋ ㄲ 받침은 [ㄱ]으로, ㅂ ㅍ 받침은 [ㅂ]으로 소리 나요

1 다음 문장을 보고 쓰세요. 받아쓰기할 때 틀릴 것 같은 글자를 잘 보세요.

① 부엌에서 볶음밥을 해요.

② 쓱싹쓱싹 섞어요.

③ 창밖에 복숭아가 보여요.

④ 손톱을 깎아요.

⑤ 머리를 묶어요.

> 소리는 같은데 글자가 다른 모음, 받침 뒤에 오는 모음, ㅋ ㄲ ㅍ 받침 등을 주의하며 읽어요.

⑥ 눈앞에 숲이 보여요.

⑦ 헤엄치고 싶어요.

⑧ 짚으로 짚신을 만들어요.

⑨ 무릎에 이불을 덮어요.

⑩ 헝겊으로 만든 지갑.

표기와 소리가 일치하지 않는 글자 쓰기

7회 ㄱ ㅋ ㄲ 받침은 [ㄱ]으로, ㅂ ㅍ 받침은 [ㅂ]으로 소리 나요

1 잘 듣고 받아쓰기한 후 틀린 글자를 고치세요.

3부 표기와 소리가 일치하지 않는 글자 쓰기
8회 ㄷ ㅌ ㅈ ㅊ 받침이 [ㄷ]으로 소리 나요

1 다음 낱말을 읽고, 문제를 푸세요.

밭[받]	팥[팓]	팥빙수[팥삥수]	곁[곁]	솥[솓]
낮[낟]	젖[젇]	맞장구[맏짱구]	찾다[찯따]	벚꽃[벋꼳]
낯설다[낟썰다]	쫓다[쫃따]	꽃밭[꼳빧]	돛단배[돋딴배]	

▶ 맞는 발음에 ○표 하세요.

밭[받 / 반]   낮[낟 / 남]   꽃[꼳 / 꽁]

2 [ㄷ]으로 끝소리가 나는 ㄷ ㅌ ㅈ ㅊ 받침 글자에 ○표 하세요.

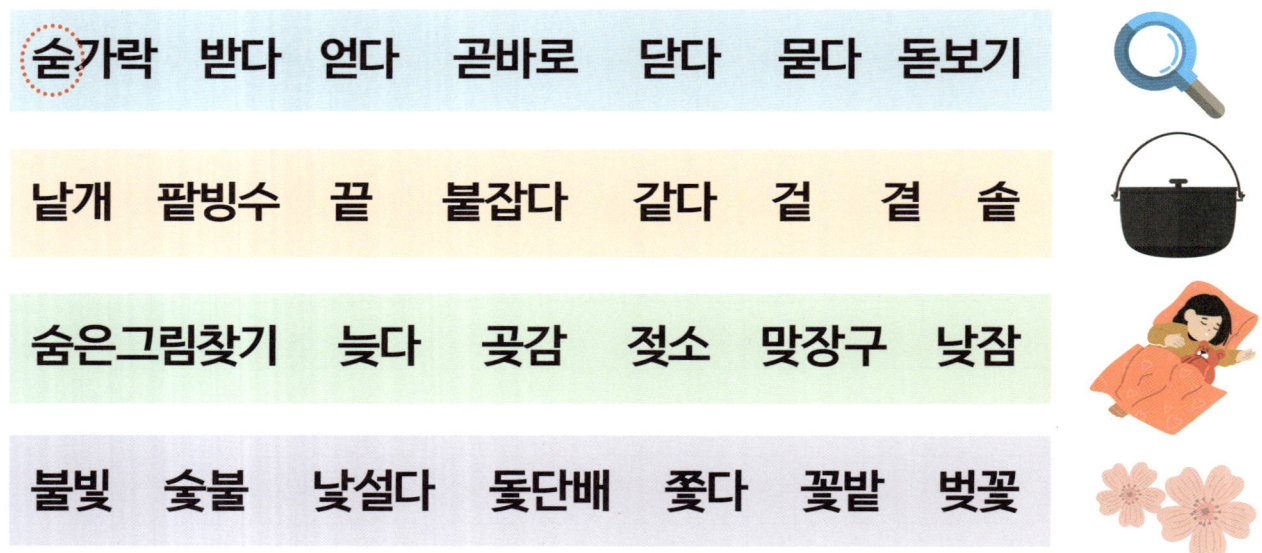

3 다음 그림을 보고, 알맞은 받침을 쓰세요.

표기와 소리가 일치하지 않는 글자 쓰기
8회 ㄷ ㅌ ㅈ ㅊ 받침이 [ㄷ]으로 소리 나요

1 다음 글을 읽고, 문제를 푸세요.

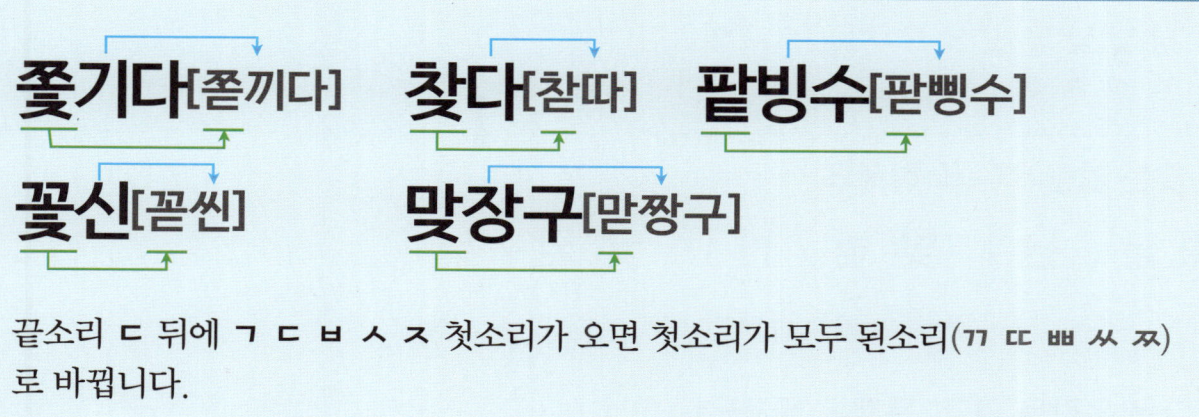

끝소리 ㄷ 뒤에 ㄱ ㄷ ㅂ ㅅ ㅈ 첫소리가 오면 첫소리가 모두 된소리(ㄲ ㄸ ㅃ ㅆ ㅉ)로 바뀝니다.

▶ 맞는 발음에 ○표 하세요.

찾다[찯따 / 찰다]   팥빙수[팓삥수 / 판빙수]

맞장구[맏장구 / 맏짱구]

2 끝소리 ㄷ 뒤에서 된소리(ㄲ ㄸ ㅃ ㅆ ㅉ)로 변하는 첫소리에 ○표 하세요.

팥죽   반지   받다   젖소   쫓기다   침대   돋보기

안울림소리 끝소리 ㄱㄷㅂ과 안울림소리 첫소리 ㄱㄷㅂㅅㅈ이 만나면 첫소리가 된소리로 변해요.

3 다음 그림을 보고, 바르게 쓴 낱말에 ○표 하세요.

꽃밭 / 꼳빧
닫다 / 닫따
낟잠 / 낮잠
곶감 / 곧깜

숟까락 / 숟가락
팥빙수 / 팓삥수
젖소 / 젇쏘
돋딴배 / 돛단배

3부 표기와 소리가 일치하지 않는 글자 쓰기
8회 ㄷ ㅌ ㅈ ㅊ 받침이 [ㄷ]으로 소리 나요

1 다음 글을 읽고, 문제를 푸세요.

> 낟 낱 낮 낯 낫 났 모두 [낟]으로 읽습니다.
> ㄷ ㅌ ㅈ ㅊ ㅅ ㅆ 받침은 말의 끝이나 자음 앞에서 모두 [ㄷ] 소리로 납니다.

▶ 맞는 발음에 ○표 하세요.

낱[낟 / 난]   빛[빋 / 빈]   낮[낟 / 날]

2 다음 문장을 읽고, 문제를 푸세요.

팥을 사서 팥빙수를 만들어요.
[파틀]   [팓삥수]

낮에 낮잠을 자요.
[나제] [낟짜믈]

꽃을 꽃병에 꽂아요.
[꼬츨] [꼳뼝에] [꼬자요]

▶ 맞는 발음에 ○표 하세요.

팥을[파틀 / 파들]   낮에[나제 / 나데]   꽃을[꼬츨 / 꼬슬]

3 [ ] 발음과 낱말의 짜임을 보고, 빈칸에 알맞은 말을 쓰세요.

① [꼳빠테]꽃+밭+에   [꼬치]꽃+이 ☐☐☐ ☐☐ 피었어요.

② [팓삥수]팥+빙+수 ☐☐☐를 하려고 [파틀]팥+을 ☐☐ 샀어요.

> 글을 쓸 때는 뜻을 알기 쉽도록 써요. 소리 나는 대로 쓰지 않아요.

표기와 소리가 일치하지 않는 글자 쓰기
8회 ㄷ ㅌ ㅈ ㅊ 받침이 [ㄷ]으로 소리 나요

1 다음 글을 읽고, 문제를 푸세요.

> 말소리의 끝이나 자음 앞에서 ㄷ ㅌ ㅈ ㅊ 받침은 모두 [ㄷ]으로 소리 납니다.
> 낟 낱[낟] 낮[낟] 낯[낟] 밑 곁[곁] 젖[젇] 쫓[쫃]
> 받침 뒤에 이 은 을 아 어 같은 모음을 붙여 보면 원래의 받침 소리가 살아납니다.
> **믿어[미더] 곁에[겨테] 젖을[저즐] 쫓아[쪼차]**
> 믿어[미더] 곁에[겨테] 젖을[저즐] 쫓아[쪼차]처럼 모음과 함께 받침을 기억합니다.

▶ 빈칸에 알맞은 발음을 쓰세요.

벗을[버□] 젖을[저□] 빛을[비□] 밭을[바□]
꽃에[꼬□에] 빛이[비□] 붙어[부□] 쫓아[쪼□]

2 다음 글을 읽고, 문제를 푸세요.

> ㄷ ㅌ ㅈ ㅊ ㅅ ㅆ 받침을 [ㅅ]으로 읽지 않도록 합니다.
> 받침 뒤에 모음이 오면 받침의 소리를 그대로 옮겨서 읽습니다.
> 꽃이[꼬시] 꽃을[꼬슬] ✗   꽃이[꼬치] 꽃을[꼬츨] ○

▶ 맞는 발음에 ○표 하세요.

솥에[소테 / 소세]   꽃을[꼬슬 / 꼬츨]   빛이[비치 / 비시]

3 [ ] 발음과 낱말의 짜임을 보고, 빈칸에 알맞은 말을 쓰세요.

❶ [풀바테서]풀+밭+에서 □□□□ 풀을 [뜨더]뜯+어 □□ 먹어요.

❷ 향기를 [마트며]맡+으며 □□□ [꼬츨]꽃+을 □□ [꼬자요]꽂+아요 □□□.

3부

표기와 소리가 일치하지 않는 글자 쓰기

8회 ㄷ ㅌ ㅈ ㅊ 받침이 [ㄷ]으로 소리 나요

1 다음 문장을 보고 쓰세요. 받아쓰기할 때 틀릴 것 같은 글자를 잘 보세요.

❶ 꽃밭에서 꽃이 피어요.

❷ 꽃을 꽃병에 꽂아요.

❸ 숟가락을 받아요.

❹ 밤낮으로 밀이 자라요.

❺ 같은 학교 친구예요.

❻ 팥으로 만든 팥빙수.

❼ 돛을 단 배는 돛단배.

❽ 돋보기로 벚꽃을 봐요.

❾ 젖소의 젖을 짜요.

❿ 곧바로 뒤를 쫓아가요.

표기와 소리가 일치하지 않는 글자 쓰기
8회 ㄷ ㅌ ㅈ ㅊ 받침이 [ㄷ]으로 소리 나요

1 잘 듣고 받아쓰기한 후 틀린 글자를 고치세요.

3부 표기와 소리가 일치하지 않는 글자 쓰기
9회 ㅅ ㅆ 받침이 [ㄷ]으로 소리 나요

1 다음 글을 읽고, 문제를 푸세요.

> ㅅ ㅆ 받침은 말의 끝이나 자음 앞에서 [ㄷ] 소리가 납니다.
> 옷[옫] 섯[섣] 룻[룯] 붓[붇] 있[읻] 겠[겓]

❶ ㅅ 받침 또는 ㅆ 받침에 ○표 하고, 낱말을 읽으세요.

옷 버섯 붓 연못 로봇 빼앗다 웃다
있다 멋있다 재미있다 하겠다 먹겠다 씻겠다

❷ ㅆ을 받침으로 쓴 글자를 ❶에서 찾아 쓰세요.

2 다음 글을 읽고, 문제를 푸세요.

> ㅅ ㅆ 받침은 낱말의 끝이나 자음 앞에서 [ㄷ] 소리로 납니다.
> ㅅ ㅆ 받침 뒤에 모음이 오면 ㅅ ㅆ 소리가 모음 자리로 옮겨 소리 납니다.

▶ 맞는 발음에 ○표 하세요.

옷[옫 / 온] 옷을[오슬 / 오들]
샀[삳 / 살] 샀어[사써 / 사더]

3 [ ] 발음과 낱말의 짜임을 보고, 빈칸에 알맞은 말을 쓰세요.

❶ 로봇이 방에 있어요. 　[로보시]로봇+이　　[이써요]있+어요
　　　　　　　　　　로□이 방에 □어요.

❷ 깨끗이 씻겠어요. 　[깨끄시]깨끗+이　[씯께써요]씻+겠+어요
　　　　　　　　　깨□이 □어요.

표기와 소리가 일치하지 않는 글자 쓰기
9회 ㅅ ㅆ 받침이 [ㄷ]으로 소리 나요

1 [ ] 발음과 낱말의 짜임을 보고, 빈칸에 알맞은 말을 쓰세요.

❶ 공원에 [연모시]연못+이 [이써요]있+어요 .

❷ 형이 [로보슬]로봇+을 [빼아사써요]빼앗+앗+어요 .

❸ 새 [오슬]옷+을 입고 [우서써요]웃+었+어요 .

2 다음 글을 읽고, 문제를 푸세요.

> 어제 공원에 갔다 왔어요.
> 연못에서 오리가 헤엄쳤어요.
> 형이 버섯을 보고 소리쳤어요.

▶ 어제 한 일을 나타내는 말 **갔다 왔어요**, **헤엄쳤어요**, **소리쳤어요**에 모두 들어 있는 받침은 무엇입니까?

[ㅅ / ㅆ / ㄷ]

치어가 줄면 쳐가 되고, [처]로 발음돼요.

3 [ ] 발음을 보고, 받침 자리에 ㅅ 또는 ㅆ을 쓰세요.

❶ [연모세서] 연모에서 [헤엄처써요] 헤엄쳐어요.

❷ [버서슬] 버서을 보고 [소리처써요] 소리쳐어요.

3부

표기와 소리가 일치하지 않는 글자 쓰기
9회 ㅅ ㅆ 받침이 [ㄷ]으로 소리 나요

1 다음 글을 읽고, 문제를 푸세요.

> 전에 한 일을 나타낼 때 **았 었 였 했** 등을 씁니다. 모두 ㅆ 받침이 들어 있습니다.
> 받다 → 받**았**다   보다 → 보**았**다   먹다 → 먹**었**다   흔들다 → 흔들**었**다
> 요리**하**다 → 요리**하였**다 → 요리**했**다   숙제**하**다 → 숙제**하였**다 → 숙제**했**다

▶ 바르게 쓴 말에 ○표 하세요.

❶ 선물을 [받았다 / 받앗다].   ❷ 꼬리를 [흔들었다 / 흔들엇다].

❸ 운동을 [하였다 / 하엿다].   ❹ 공부를 [했다 / 햇다ㅤ].

2 줄어든 말을 보고, 빈칸에 알맞은 글자를 쓰세요.

가다 → 가**았**다 → **갔**다	타다 → 타**았**다 → **탔**다
오다 → 오**았**다 → **왔**다	보다 → 보**았**다 → **봤**다
추다 → 추**었**다 → **췄**다	마시다 → 마시**었**다 → 마**셨**다

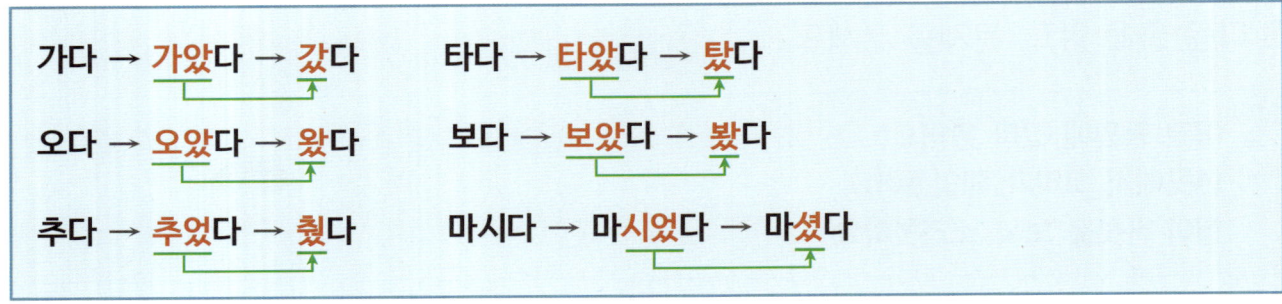

❶ 공원에 [가았]어요. 자전거를 [타았]어요.

❷ 바다에 [오았]어요. 배를 [보았]어요.

❸ 춤을 [추었]어요. 물을 마[시었]어요.

> 전에 한 일을 나타낼 때 쓰는 말인 **았 었 였**이 줄어든 말에 ㅆ 받침을 써요.
> **잇 겟**을 제외한 ㅆ 받침 글자는 전에 한 일을 나타내요.

표기와 소리가 일치하지 않는 글자 쓰기
9회 ㅅ ㅆ 받침이 [ㄷ]으로 소리 나요

1 다음 글을 읽고, 문제를 푸세요.

> ㅆ 받침은 **있 겠**에 씁니다.
> **있**: 있다 맛있다 재미있다   **겠**: 하겠다 가겠다 보겠다 되겠다
> 전에 한 일을 나타내는 **았 었 였**에 ㅆ 받침을 씁니다.
> 보았다 잡았다 먹었다 들었다 하였다
> **았 었 였**이 줄어든 말에 ㅆ 받침을 씁니다.
> 자다 → 자았다 → 잤다   세다 → 세었다 → 셌다   하다 → 하였다 → 했다

▶ 바르게 쓴 말에 ○표 하세요.

❶ 이야기가 [재미있다 / 재미잇다].   ❷ 과학자가 [되겠다 / 되겟다].

❸ 어제 숙제를 [했다 / 햇다].   ❹ 저녁을 [먹었다 / 먹엇다].

❺ 잠을 [잤다 / 잣다].   ❻ 손가락으로 숫자를 [셋다 / 셌다].

2 줄어든 말을 보고, 빈칸에 알맞은 글자를 쓰세요.

> 쏘다 → 쏘았다 → 쐈다   두다 → 두었다 → 뒀다   주다 → 주었다 → 줬다
> 그리다 → 그리었다 → 그렸다   치다 → 치었다 → 쳤다   되다 → 되었다 → 됐다

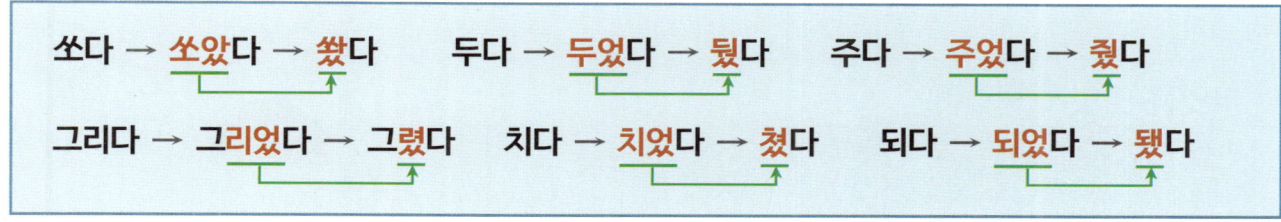

❶ 화살을 쏘았 다.   ❷ 피아노를 치었 다.

3 [ ] 발음을 보고, ㅅ 받침 또는 ㅆ 받침을 써서 문장을 완성하세요.

❶ 무[무어슬]을 먹[머거써]어?   ❷ 숙제를 지금 하[하게써]어.

3부

표기와 소리가 일치하지 않는 글자 쓰기

9회 ㅅ ㅆ 받침이 [ㄷ]으로 소리 나요

1 다음 문장을 보고 쓰세요. 받아쓰기할 때 틀릴 것 같은 글자를 잘 보세요.

❶ 연못에서 헤엄쳤다.

❷ 물에 빠졌어요.

❸ 깨끗이 씻었어.

❹ 작은 씨앗을 받았어.

❺ 잠을 잤어요.

있 겠 전에 한 일을 나타낼 때 ㅆ 받침을 써요.
ㅅ ㅆ 받침에 주의하세요.

❻ 예쁜 옷을 입고 웃었다.

❼ 무엇을 맛있게 먹었어?

❽ 그릇에 팥죽을 담았다.

❾ 의사가 되겠다.

❿ 재미있게 놀았어.

표기와 소리가 일치하지 않는 글자 쓰기
9회 ㅅ ㅆ 받침이 [ㄷ]으로 소리 나요

1 잘 듣고 받아쓰기한 후 틀린 글자를 고치세요.

3부 표기와 소리가 일치하지 않는 글자 쓰기
10회 겹받침 뒤에 모음이 오면 두 받침이 차례로 소리 나요

1 다음 글자의 겹받침 중 어떤 받침이 끝소리로 나는지 빈칸에 쓰세요.

❶ 읽다[익따] 맑다[막따] 까닭[까닥] 흙[흑]   ㄹㄱ → ㄱ

   읽기[일끼] 맑고[말꼬] 밝게[발께] 붉게[불께]   ㄹㄱ → ☐

> 맑 읽 밝 묽 붉 늙 낡 굵 등은 기 고 게 앞에서 [ㄹ]로 발음해요.

❷ 넓다[널따] 짧다[짤따] 여덟[여덜]   ㄹㅂ → ☐

   밟다[밥따] 밟고[밥꼬] 밟지[밥찌]   ㄹㅂ → ☐

> ㄹㅂ 받침은 대부분 [ㄹ]로 발음하지만 밟은 자음 앞에서 [ㅂ]으로 발음해요.

2 맞는 발음에 ○표 하세요.

❶ 읽다[일따 / 익따]   ❷ 읽기[익끼 / 일끼]
❸ 넓다[널따 / 넙따]   ❹ 밟다[발따 / 밥따]

> 낱말의 끝이나 자음 앞에서 끝소리는 ㄱ ㄴ ㄷ ㄹ ㅁ ㅂ ㅇ 7개 중 하나로 소리 나요. 겹받침도 7개 끝소리 중 하나로 소리 나요.

3 다음 글자의 겹받침 중 어떤 받침이 끝소리로 나는지 빈칸에 쓰세요.

❶ 닮다[담따] 젊다[점따] 삶[삼] 앎[암]   ㄹㅁ → ☐

❷ 핥다[할따] 개미핥기[개미할끼] 훑다[훌따]   ㄹㅌ → ☐

❸ 없다[업따] 가엾다[가엽따] 값[갑]   ㅂㅅ → ☐

❹ 앉다[안따] 엋다[언따]   ㄴㅈ → ☐

표기와 소리가 일치하지 않는 글자 쓰기
10회 겹받침 뒤에 모음이 오면 두 받침이 차례로 소리 나요

1 겹받침과 [ ]에 있는 겹받침 발음에 ○표 하며 읽으세요.

쓸 때	읽을 때	쓸 때	읽을 때	쓸 때	읽을 때	쓸 때	읽을 때
읽어	[일거]	닭이	[달기]	맑아요	[말가요]	흙을	[흘글]
넓어	[널버]	짧은	[짤븐]	여덟은	[여덜븐]	밟을	[발블]
닮아	[달마]	옮아	[올마]	젊어요	[절머요]	삶은	[살믄]
핥아	[할타]	훑어	[훌터]	앉아	[안자]	없어	[언제]

2 다음 글을 읽고, 맞는 발음에 ○표 하세요.

> 겹받침은 낱말의 끝이나 자음 앞에서 두 받침 중 하나만 소리 납니다. 겹받침 뒤에 모음이 오면 두 받침이 차례로 소리 납니다.
>
> 읽기[일끼] 읽어[일거] 맑다[막따] 맑은[말근]
>
> 읽다 → 읽어요   닭 → 닭이   넓다 → 넓어요
> [익따] [일거요]   [닥] [달기]   [널따] [널버요]
>
> 젊다 → 젊은   없다 → 없어   앉다 → 앉아요
> [점따] [절믄]   [업따] [업써]   [안따] [안자요]

닭[닥 / 달]   흙[흘 / 흑]

닭이[다기 / 달기]   흙을[흐글 / 흘글]

젊다[점따 / 절다]   없어[어버 / 업써]

> 안울림소리 ㄱ ㄷ ㅂ 끝소리와 안울림소리 ㄱ ㄷ ㅂ ㅅ ㅈ 첫소리가 만나면 첫소리 ㄱ ㄷ ㅂ ㅅ ㅈ은 된소리 ㄲ ㄸ ㅃ ㅆ ㅉ으로 소리 나요. 없어 → [업서] → [업써]

3부 표기와 소리가 일치하지 않는 글자 쓰기
10회 겹받침 뒤에 모음이 오면 두 받침이 차례로 소리 나요

1 [ ] 발음을 보고, 빈칸에 알맞은 겹받침 글자를 쓰세요.

> **맑다 맑아 맑고 맑은**
> 말의 꼬리는 변하지만 말의 앞부분 **맑**은 변하지 않습니다. 변하지 않는 **맑**에 **다 아 고 은** 같은 말을 붙여 씁니다. 맑+다 맑+아 맑+고 맑+은
> **맑아요[말가요]**와 같이 모음이 뒤에 오면 ㄹ ㄱ 두 받침이 모두 발음됩니다.

❶ [말가요] 맑아요   [말근] ☐은   [막따] ☐다   [말꼬] ☐고

❷ [일거요] ☐어요   [일근] ☐은   [익따] ☐다   [일끼] ☐기

❸ [발바요] ☐아요   [발블] ☐을   [밥따] ☐다   [밥꼬] ☐고

❹ [달마써] ☐았어   [달믄] ☐은   [담따] ☐다   [담꼬] ☐고

❺ [업서요→업써요] ☐어요   [업씨] ☐이   [업따] ☐다   [업꼬] ☐고

❻ [안자요] ☐아요   [안즐] ☐을   [안따] ☐다   [안꼬] ☐고

두 받침이 모두 발음되도록 모음과 함께 겹받침을 기억해요.

표기와 소리가 일치하지 않는 글자 쓰기
10회 겹받침 뒤에 모음이 오면 두 받침이 차례로 소리 나요

1 [ ] 발음과 낱말의 짜임을 보고, 빈칸에 알맞은 말을 쓰세요.

❶ [안자서]앉+아서 책을 [일거요]읽+어요 .

❷ 꼬리 [짤븐]짧+은 강아지가 털을 [할타요]핥+아요 .

❸ [널븐]넓+은 공원에 [말근]맑+은 연못이 있어요.

❹ [수탈기]수탉+이 [흘글]흙+을 파헤쳐 먹이를 먹어요.

❺ [절믄]젊+은 딸과 [늘근]늙+은 어머니.

❻ [갑시→갑씨]값+이 비싸서 살 수 [업서요→업써요]없+어요 .

❼ [여덜블]여덟+을 숫자로 쓰면 8이에요.

3부

표기와 소리가 일치하지 않는 글자 쓰기
10회 겹받침 뒤에 모음이 오면 두 받침이 차례로 소리 나요

1 다음 문장을 보고 쓰세요. 받아쓰기할 때 틀릴 것 같은 글자를 잘 보세요.

❶ 공원이 넓어요.

❷ 닭이 흙을 파헤쳐요.

❸ 발로 밟아요.

❹ 앉아서 책을 읽어요.

❺ 맑은 하늘과 붉은 열매.

❻ 값이 비싸 살 수 없다.

❼ 젊은 딸과 늙은 엄마.

❽ 꼬리가 짧은 여덟 마리.

❾ 밝은 달이 높이 떴다.

❿ 머리에 손을 얹었다.

> 겹받침 뒤에 모음을 붙여 받침 2개를 기억해요.

표기와 소리가 일치하지 않는 글자 쓰기
10회 겹받침 뒤에 모음이 오면 두 받침이 차례로 소리 나요

1 잘 듣고 받아쓰기한 후 틀린 글자를 고치세요.

4부 소리가 달라지는 글자 쓰기

11회 ㅎ 받침 소리가 사라져요
12회 ㄱ ㄷ ㅂ ㅈ과 ㅎ이 만나면 [ㅋ ㅌ ㅍ ㅊ]이 돼요
13회 받침 ㄷ ㅌ과 이 히가 만나 [ㅈ ㅊ]으로 변해요
14회 ㄴㄹ, ㄹㄴ이 [ㄹㄹ]로 변해요
15회 콧소리 ㄴ ㅁ 앞 ㄱ ㄷ ㅂ이 콧소리 [ㅇ ㄴ ㅁ]으로 변해요 1
16회 콧소리 ㄴ ㅁ 앞 ㄱ ㄷ ㅂ이 콧소리 [ㅇ ㄴ ㅁ]으로 변해요 2
17회 끝소리 ㄱ ㄷ ㅂ 뒤에서 첫소리 ㄱ ㄷ ㅂ ㅅ ㅈ이 된소리로 변해요
18회 두 말이 합쳐져 된소리가 나도 합쳐지기 전 원래 말대로 써요
19회 두 말이 합쳐질 때 소리가 더해지면 사이시옷을 써요
20회 받아쓰기 100점 맞기 준비 10가지

학습 목표

1 소리가 달라지는 원인 이해하고 바르게 쓰기
❶ 소리가 달라지는 원인을 이해합니다.
❷ 소리가 달라져도 대부분의 낱말은 원래 형태대로 씁니다.

2 발음과 표기의 관계 이해하기
❶ 말할 때는 쉽고 편리하게 발음하도록 소리가 변합니다.
❷ 쓸 때는 말의 뜻을 알기 쉽도록 말의 원래 형태대로 씁니다.

학습 내용

❶ ㅎ 탈락: 모음 앞에서 받침 ㅎ을 발음하지 않음.
❷ 격음화(거센소리되기): ㄱ ㄷ ㅂ ㅈ이 ㅎ과 만나면 격음(거센소리)인 [ㅋ ㅌ ㅍ ㅊ]으로 변함.
❸ 구개음화: ㄷ ㅌ 받침과 이 히(형식형태소)가 만나면 구개음 [ㅈ ㅊ]로 소리가 변함.
❹ 유음화: ㄴ이 ㄹ의 앞이나 뒤에서 유음 ㄹ로 변함.
❺ 비음화: [ㄱ ㄷ ㅂ] 끝소리가 비음(콧소리) ㄴ ㅁ 앞에서 비음(콧소리) [ㅇ ㄴ ㅁ]으로 변함.
❻ 경음화: [ㄱ ㄷ ㅂ] 끝소리 다음에 오는 첫소리 ㄱ ㄷ ㅂ ㅅ ㅈ이 된소리로 변함.
❼ 사이시옷: 순우리말로 된 합성어나 순우리말과 한자어로 된 합성어에서 앞말이 모음으로 끝나고 된소리, ㄴ, ㄴㄴ 등의 소리가 더해질 때 앞말 받침 자리에 ㅅ을 씀.

오답 유형과 지도법

❶ 소리 나는 대로 씁니다.

➡ 소리가 달라지는 글자를 표기법에 맞게 쓰기는 쉽지 않습니다. 먼저 많이 읽는 연습이 필요합니다. 소리가 변하더라도 낱말의 원래 형태를 밝혀 쓴다는 기본 원리를 알게 해 주세요. 교재에서는 [   ] 발음과 낱말의 짜임 형태로 발음과 표기의 관계를 보여 줍니다. **낱말[난말]낱+말** 눈으로 먼저 익숙해진 후에 쓰기를 연습하는 것이 쉽습니다. 읽기 연습이 부족하면 『한글 척척 읽기 4』 모든 글자 편을 반복해서 읽혀 주세요.

❷ 틀렸던 글자를 자꾸 틀립니다.

➡ 음운 변동의 원리를 모르고 외워서 쓰면 틀린 글자를 또 틀리게 됩니다. 입 모형, 거울 등을 활용해서 소리의 변화를 몸으로 느끼며 직관적으로 알게 해 주세요.

입 모형과 발음 동작을 통해 소리가 달라지는 원인을 설명해 주세요. 콧소리, 거센소리, 된소리, 울림소리, 안울림소리 등을 몸으로 느끼게 해 주세요. 소리가 변하더라도 쓸 때는 원래 낱말대로 쓴다는 것을 알려 주세요.

> **잠깐**
>
> 교재에서 제시하는 낱말의 짜임은 형태소를 정밀하게 분석한 것이 아닙니다. 쓸 때는 소리 나는 대로 쓰지 않고, 뜻을 밝혀 적는다는 받아쓰기 원리를 시각적으로 보여 줄 뿐입니다.
> 예) **갇힌**: 갇+히+ㄴ이 아니라 **갇+힌**으로 보여 줌.
> **햇볕**: 해+볕이 아니라 **해+ㅅ+볕**으로, 두 말 사이에 **ㅅ**이 들어감을 보여 줌.

4부

소리가 달라지는 글자 쓰기
11회 ㅎ 받침 소리가 사라져요

1 다음 글을 읽고, 잘못 쓴 부분에 밑줄을 그으세요.

> 받침 뒤에 모음이 오면 받침이 모음 자리로 옮겨 가서 소리 납니다.
> ㅎ 받침은 모음 앞에서 발음되지 않습니다. 모음을 글자로 쓸 때는 소리 없는 자음자 ㅇ을 붙입니다.
> **좋아해요 넣어요**는 [조아해요] [너어요]로 발음합니다.
>
> 옷이[오시]   밥을[바블]   받아[바다]
> 좋아[조아]   놓아[노아]   넣어[너어]
>
> 소리 없는 자음자 → 좋아
> 모음 앞에 있는 ㅎ 받침

❶ 귀여운 인형을 조아해요.
❷ 인형을 바구니에 너어요.

2 다음 글을 읽고, 맞는 발음에 ○표 하세요.

> [조하]보다 [조아]가 더 발음하기 쉽습니다. 왜 그럴까요?
> ㅎ은 모음보다 숨을 더 많이 내보내며 발음하는 소리입니다.
> ㅗ ㅏ 두 모음 사이에서 숨만 더 많이 내쉬며 [조하]처럼 ㅎ을 발음하기 쉽지 않습니다. **좋아**는 [조하]로 발음하지 않고 [조아]로 발음합니다. 모음 앞에 오는 ㅎ 받침은 발음하지 않습니다.

❶ 좋아요 [조아요 / 조하요]
❷ 넣어요 [너어요 / 너허요]

3 ㅎ이 소리 나지 않는 글자에 ○표 하세요.

하마   닿을   학교   놓아요   닿아요
좋아   호수   쌓은   낳아요   해바라기

소리가 달라지는 글자 쓰기
11회 ㅎ 받침 소리가 사라져요

1 다음 글을 읽고, ㅎ이 소리 나지 않는 글자에 ○표 하세요.

> ㄴㅎ ㄹㅎ에 있는 ㅎ도 모음 앞에서 소리 나지 않습니다. ㄴㅎ ㄹㅎ 뒤에 모음이 오면 ㅎ 소리는 사라지고, ㄴ과 ㄹ이 모음 자리로 옮겨 가서 소리 납니다.
>
>
> 많아[마나]   싫어[시러]
>
> 않아요[아나요]   귀찮아[귀차나]   점잖은[점자는]   잃어[이러]   뚫을[뚜를]

| 귀찮아 | 끓었어 | 하늘 | 괜찮아요 | 화가 | 싫었다 |
| 많아요 | 끊을 | 옳아 | 후회 | 횡단보도 | 잃어버렸다 |

2 다음 글을 읽고, 맞는 발음에 ○표 하세요.

> 많아요는 [만하요]로 발음하지 않고 [마나요]로 발음합니다. 왜 그럴까요?
> ㅎ은 안울림소리입니다. ㄴ과 모음 ㅏ는 울림소리입니다. 울림소리 사이에서 안울림소리 ㅎ을 넣어 [만하요]처럼 발음하기 쉽지 않습니다.
> 싫어요는 [시러요]로 발음합니다. 울림소리인 ㄹ과 울림소리인 모음 사이에서 안울림소리 ㅎ을 발음하기 쉽지 않기 때문입니다.

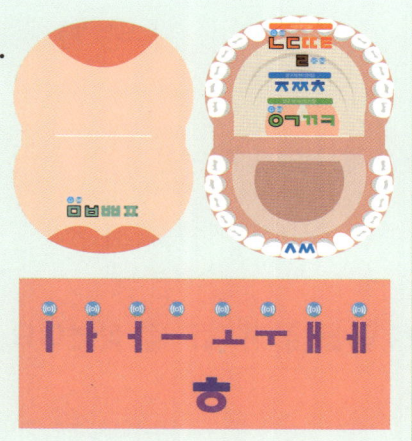

❶ 많아요 [만하요 / 마나요]
❷ 싫어요 [실허요 / 시러요]

> 목에 손을 대고 ㄴ(은) ㄹ(을) ㅁ(음) ㅇ(응) 아 어를 발음해 보세요. 목이 울리는 것을 느낄 수 있어요. 입 모형을 보면 울림소리에 ((o)) 표시가 있어요.

4부 소리가 달라지는 글자 쓰기
11회 ㅎ 받침 소리가 사라져요

1 ㅎ ㄶ ㅀ 받침에 ○표 하며, 바르게 읽으세요.

쓸 때	읽을 때	쓸 때	읽을 때	쓸 때	읽을 때	쓸 때	읽을 때
낳아	[나아]	넣어	[너어]	놓아요	[노아요]	닿아요	[다아요]
땋아	[따아]	좋아	[조아]	찧어요	[찌어요]	빻아요	[빠아요]
많아	[마나]	않아	[아나]	귀찮아	[귀차나]	괜찮아	[괜차나]
싫어	[시러]	끓어	[끄러]	옳아요	[오라요]	뚫어요	[뚜러요]
앓아	[아라]	꿇어	[꾸러]	닳아요	[다라요]	잃어버린	[이러버린]

2 다음 문장을 읽고, 밑줄 친 부분을 빈칸에 쓰세요.

❶ 암탉이 계란을 많이 낳았어요.

많	이				

❷ 계란판에 계란을 넣어 차근차근 쌓았어요.

ㅎ ㄶ ㅀ 받침에 있는 ㅎ은 모음 앞에서 발음되지 않아요.

❸ 물을 끓여 계란을 삶았어요.

❹ 완전히 익지 않은 계란도 괜찮아요.

❺ 덜 익은 계란을 싫어하지 않아요.

소리가 달라지는 글자 쓰기
11회 ㅎ 받침 소리가 사라져요

1 [ ] 발음과 낱말의 짜임을 보고, 빈칸에 알맞은 말을 쓰세요.

① 달걀을 [마니]많+이 ☐☐ [나아써요]낳+았+어요 ☐☐☐ .

② 물이 [끄르면]끓+으면 ☐☐☐ 떡을 [너어요]넣+어요 ☐☐ .

③ 다 먹지 [아나도]않+아도 ☐☐☐ [괜차나요]괜찮+아요 ☐☐☐ .

④ 서늘한 곳에 [노아]놓+아 ☐☐ 두면 [조아요]좋+아요 ☐☐☐ .

⑤ 마늘을 [찌어서]찧+어서 ☐☐☐ 그릇에 [너어써요]넣+었+어요 ☐☐☐☐ .

⑥ [귀차나도]귀찮+아도 ☐☐☐☐ 이를 닦는 것이 [오라요]옳+아요 ☐☐☐ .

⑦ [조아]좋+아 ☐☐ 하는 우산을 [이러]잃+어 ☐☐ 버렸어요.

ㅎ ㄴㅎ ㄹㅎ 받침에 있는 ㅎ은 모음 앞에서 발음되지 않아요.

4부 소리가 달라지는 글자 쓰기
11회 ㅎ 받침 소리가 사라져요

1 다음 문장을 보고 쓰세요. 받아쓰기할 때 틀릴 것 같은 글자를 잘 보세요.

① 모래성을 쌓았어요.

② 점잖은 고양이.

> ㅎ ㄶ ㅀ 받침 글자에 주의해요.
> 모음 앞에서 ㅎ이 발음되지 않아요.

③ 길을 잃었어요.

④ 먹지 않아도 괜찮아.

⑤ 먹기 싫어도 먹어야 해.

⑥ 밤하늘에 별이 많아요.

⑦ 무를 넣어 국을 끓였다.

⑧ 손에 닿을 것 같아.

⑨ 기분이 좋아졌어요.

⑩ 밧줄이 끊어졌어요.

소리가 달라지는 글자 쓰기
11회 ㅎ 받침 소리가 사라져요

1 잘 듣고 받아쓰기한 후 틀린 글자를 고치세요.

4부 소리가 달라지는 글자 쓰기
12회 ㄱ ㄷ ㅂ ㅈ과 ㅎ이 만나면 [ㅋ ㅌ ㅍ ㅊ]이 돼요

1 다음 글을 읽고, 밑줄 친 부분의 맞는 발음에 ○표 하세요.

> ㅎ은 모음보다 숨을 많이 내보내며 발음합니다. 받침 ㅎ과 첫소리 ㄱ ㄷ ㅈ이 만나면 [ㅋ][ㅌ][ㅊ] 소리가 됩니다. ㅋ ㅌ ㅊ은 숨을 많이 내보내며 발음하는 거센소리입니다.
>
> 파랗게 갠 하늘. 파랗게[파라케] ㅎ+ㄱ→ㅋ
> 타조알이 커다랗다. 커다랗다[커다라타] ㅎ+ㄷ→ㅌ
> 오리알은 조그맣지. 조그맣지[조그마치] ㅎ+ㅈ→ㅊ

❶ 백조는 <u>하얗고</u>, 까마귀는 <u>까맣다</u>.
　[하야코 / 하야고] [까마타 / 까마다]
　(ㅎ+ㄱ→ㅋ)　(ㅎ+ㄷ→ㅌ)

❷ 단풍잎은 <u>빨갛고</u>, 은행잎은 <u>노랗지</u>.
　[빨가코 / 빨가고] [노라치 / 노라지]
　(ㅎ+ㄱ→ㅋ)　(ㅎ+ㅈ→ㅊ)

2 ㅎ 받침과 첫소리 ㄱ ㄷ ㅈ이 만나 ㅋ ㅌ ㅊ으로 변하는 낱말에 ○표 하세요.

ㅎ+ㄱ→ㅋ 파랗게[파라케]
❶ 좋아요　좋고　빨갛게　넣어　하얗게

ㅎ+ㄷ→ㅌ 커다랗다[커다라타]
❷ 노랗다　낳아　하얗다　놓도록　그렇다

ㅎ+ㅈ→ㅊ 조그맣지[조그마치]
❸ 노랗지　낳아　하얗지　놓아　그렇지

> 모음 앞에 있는 받침 ㅎ은 발음되지 않아요.

소리가 달라지는 글자 쓰기
12회 ㄱ ㄷ ㅂ ㅈ과 ㅎ이 만나면 [ㅋ ㅌ ㅍ ㅊ]이 돼요

1 다음 글을 읽고, 밑줄 친 부분의 맞는 발음에 ○표 하세요.

> 받침 ㄶ ㅀ과 첫소리 ㄱ ㄷ ㅈ이 만나면 ㄴ ㄹ 다음에 [ㅋ] [ㅌ] [ㅊ]을 발음합니다.
>
> 강아지가 귀찮게 한다.   귀찮게[귀찬케]   ㄶ + ㄱ → ㄴ ㅋ
> 네가 옳다고 생각해.   옳다고[올타고]   ㅀ + ㄷ → ㄹ ㅌ
> 이 닦기 싫지만 닦아야 해. 싫지만[실치만]   ㅀ + ㅈ → ㄹ ㅊ
>
> 귀찮게[귀찬케] 않도록[안토록] 점잖지[점잔치] 잃고[일코] 싫다[실타] 옳지[올치]

❶ 고양이를 귀찮게 하지 않도록 해.
　　ㄶ+ㄱ→ㄴㅋ　ㄶ+ㄷ→ㄴㅌ
　　[귀찬케 / 귀찬게] [안토록 / 안도록]

❷ 듣기 싫지만, 그 말이 옳다고 생각해.
　　ㅀ+ㅈ→ㄹㅊ　ㅀ+ㄷ→ㄹㅌ
　　[실지만 / 실치만] [올다고 / 올타고]

2 [ ] 발음과 낱말의 짜임을 보고, 빈칸에 낱말을 쓰세요.

ㄶ+ㄱ→ㄴㅋ
[귀찬케]귀찮+게

ㄶ+ㄷ→ㄴㅌ
[안토록]않+도록

ㄶ+ㅈ→ㄴㅊ
[만치]많+지

ㅀ+ㄱ→ㄹㅋ
[일코]잃+고

ㅀ+ㄷ→ㄹㅌ
[올타]옳+다

ㅀ+ㅈ→ㄹㅊ
[뚤차]뚫+자

4부 소리가 달라지는 글자 쓰기
12회 ㄱ ㄷ ㅂ ㅈ과 ㅎ이 만나면 [ㅋ ㅌ ㅍ ㅊ]이 돼요

1 다음 글을 읽고, 밑줄 친 부분의 맞는 발음에 ○표 하세요.

> ㄱ ㄷ ㅂ 끝소리와 ㅎ 첫소리가 만나면 [ㅋ] [ㅌ] [ㅍ]으로 바뀝니다.
> 생일 축하합니다.   축하[추카]   ㄱ+ㅎ→ㅋ
> 맏형은 나보다 네 살 많다.   맏형[마텽]   ㄷ+ㅎ→ㅌ
> 초등학교에 입학했다.   입학[이팍]   ㅂ+ㅎ→ㅍ

❶ ㄷ+ㅎ→ㅌ   ㄱ+ㅎ→ㅋ
맏형이 선물을 받고 행복한 표정을 지었다.
[마명 / 마텽]   [행보간 / 행보칸]

❷ ㅂ+ㅎ→ㅍ   ㄱ+ㅎ→ㅋ
입학을 정말 축하해.
[이박 / 이팍] [추카해 / 추가해]

2 다음 글을 읽고, 밑줄 친 부분의 맞는 발음에 ○표 하세요.

> ㅅ 받침은 [ㄷ]으로 소리 납니다. 끝소리 ㄷ과 첫소리 ㅎ이 만나면 [ㅌ] 소리로 바뀝니다.
> 따뜻해서 옷을 벗었다.   따뜻해서[따뜯해서 → 따뜨태서] [ㅅ→ㄷ]+ㅎ→ㅌ
> 깨끗한 물로 씻었다.   깨끗한[깨끋한 → 깨끄탄]   [ㅅ→ㄷ]+ㅎ→ㅌ

❶ 따뜻한 물로 손을 깨끗하게 씻었다.
[따뜨산 / 따뜨탄] [깨끄사게 / 깨끄타게]

❷ 반듯하게 종이를 펴지 못했다.
[반드타게 / 반드사게] [모샌따 / 모탣따]

소리가 달라지는 글자 쓰기
12회 ㄱ ㄷ ㅂ ㅈ과 ㅎ이 만나면 [ㅋ ㅌ ㅍ ㅊ]이 돼요

1 [ ] 발음과 낱말의 짜임을 보고, 빈칸에 알맞은 말을 쓰세요.

① [귀차나서]귀찮+아서 [실타]싫+다
아무것도 먹기

② [따뜨타게]따뜻+하+게 [괜찬타]괜찮+다
입어서

③ [안켇따고]않+겠+다고 [손찌탣따]손+짓+했+다
하지

④ [노치]놓+지 [안토록]않+도록
손을   해.

⑤ [솔찌키]솔직+히 [대다파지]대답+하+지 [모탣따]못+했+다

⑥ [수부카게]수북+하+게 [싸엳따]쌓+였+다
눈이

⑦ [마텽]맏+형 [이팍]입+학 [추카]축+하
   의   을   했다.

> ㅎ ㄶ ㅀ 받침은 다를 붙여 [타] 소리로 기억하는 것이 좋아요.

4부 소리가 달라지는 글자 쓰기
12회 ㄱ ㄷ ㅂ ㅈ과 ㅎ이 만나면 [ㅋ ㅌ ㅍ ㅊ]이 돼요

1 다음 문장을 보고 쓰세요. 받아쓰기할 때 틀릴 것 같은 글자를 잘 보세요.

❶ 중학교에 입학한 맏형.

❷ 길을 잃고 헤맸다.

❸ 생각보다 많지 않다.

❹ 도둑질은 옳지 않다.

❺ 생각한 것보다 괜찮다.

❻ 눈이 하얗게 쌓였다.

❼ 구슬이 조그맣다.

❽ 손을 놓지 않도록 해.

❾ 따뜻해서 좋다.

❿ 잡히기 싫다.

> ㅎ과 ㄱ ㄷ ㅂ ㅈ이 만나는 글자에 주의해요.

소리가 달라지는 글자 쓰기
12회 ㄱ ㄷ ㅂ ㅈ과 ㅎ이 만나면 [ㅋ ㅌ ㅍ ㅊ]이 돼요

1 잘 듣고 받아쓰기한 후 틀린 글자를 고치세요.

4부 소리가 달라지는 글자 쓰기
13회 받침 ㄷ ㅌ과 이 히가 만나 [ㅈ ㅊ]으로 변해요

1 밑줄 친 부분에 주의하며 문장을 읽으세요.

굳은 꿀을 녹였다.
[구든]

굳이 할 필요가 없었다.
[구지]

같은 옷을 입었다.
[가튼]

같이 밥을 먹었다.
[가치]

불이 **붙었다**.
[부턷따]

불을 **붙였다**.
[부쳗따]

2 다음 글을 읽고, 맞는 발음에 ○표 하세요.

> ㄷ 받침 뒤에 이가 오면 [지]로 발음합니다.
> **굳이**[구지]   ㄷ 받침+이: [지]

❶ 해돋이[해도디 / 해도지]   미닫이[미다디 / 미다지]

> ㅌ 받침 뒤에 이가 오면 [치]로 발음하고, ㅌ 받침 뒤에 여가 오면 [처]로 발음합니다.
> **같이**[가치] ㅌ 받침+이: [치] **붙여**[부쳐→부처] ㅌ 받침+여: [쳐→처]

❷ 볕이[벼티 / 벼치]   붙여[부텨 / 부처]

여는 이어가 줄어든 말이에요. 쳐는 [처]로 소리 나요.

3 [ ] 발음과 낱말의 짜임을 보고, 빈칸에 낱말을 쓰세요.

[구지]굳+이

[미다지]미+닫+이

[해도지]해+돋+이

[가치]같+이

[부처]붙+여

[핻뼈치]해+ㅅ+볕+이

소리가 달라지는 글자 쓰기
13회 받침 ㄷ ㅌ과 이 히가 만나 [ㅈ ㅊ]으로 변해요

1 밑줄 친 부분에 주의하며 문장을 읽으세요.

문을 <u>닫았다</u>.
[다닫따]

문이 잘 안 <u>닫힌다</u>.
[다친다]

씨앗을 땅에 <u>묻었다</u>.
[무덛따]

씨앗이 땅에 <u>묻힌다</u>.
[무친다]

<u>맏형</u>이 중학교에 입학했다.
[마텽]

곰이 우리에 <u>갇혀</u> 있다.
[가텨→가처]

> **맏형**은 [마텽]으로 발음해요. ㄷ 받침과 뜻이 약한 **이 여 히 혀**가 만날 때 [ㅈ ㅊ]으로 소리가 변해요.

2 다음 글을 읽고, 맞는 발음에 ○표 하세요.

> ㄷ 받침 뒤에 **히**가 오면 [치]로 발음합니다.
> **닫히다**[다치다]   **묻히다**[무치다]   ㄷ 받침 + **히**: [치]

❶ 닫힌다[다틴다 / 다친다]   걷힌다[거틴다 / 거친다]

> ㄷ 받침 뒤에 **혀**가 오면 [처]로 발음합니다. **혀**는 **히어**가 준 말입니다.
> **갇혀**[가쳐→가처]   **묻혀**[무쳐→무처]   ㄷ 받침 + **혀**: [쳐→처]

❷ 갇혔다[가턷따 / 가첟따]   묻혔다[무턷따 / 무첟따]

3 [ ] 발음과 낱말의 짜임을 보고, 빈칸에 낱말을 쓰세요.

[다친다] 닫+힌+다

[거친다] 걷+힌+다

[무친다] 묻+힌+다

[무첟따] 묻+혔+다

[다처] 닫+혀

[가첟따] 갇+혔+다

4부 소리가 달라지는 글자 쓰기
13회 받침 ㄷ ㅌ과 이 히가 만나 [ㅈ ㅊ]으로 변해요

1 다음 문장을 읽고, 밑줄 친 부분을 빈칸에 쓰세요.

❶ 해돋이가 그림같이 아름다워요.

❷ 턱받이를 하고 밥을 먹어요.

❸ 줄의 끝이 안 보여요.

❹ 팥빙수에는 팥이 들어 있어요.

❺ 햇볕이 뜨거워요.

> **맏이**는 형제 자매 중에서 맨 먼저 태어난 사람을 말해요.

❻ 맏이가 스티커를 붙여요.

> 이어가 줄면 **여**, 히어가 줄면 **혀** 가 돼요.

❼ 해가 뜨자 구름이 걷혔어요.

❽ 같이 힘을 모아 닫힌 문을 열었어요.

❾ 바깥이 더 따뜻해요.

❿ 신발에 흙을 묻힌 채 땅을 파요.

소리가 달라지는 글자 쓰기
13회 받침 ㄷ ㅌ과 이 히가 만나 [ㅈ ㅊ]으로 변해요

1 [ ] 발음과 낱말의 짜임을 보고, 빈칸에 낱말을 쓰세요.

① [파치]팥+이 들어간 팥빙수를 친구와 [가치]같+이 먹었다.

② 안개가 [거치자]걷+히+자 [바치]밭+이 보였다.

③ [핻뼈치]해+ㅅ+볕+이 있어서 [바까치]바깥+이 더 따뜻하다.

④ 굳게 [다친]닫+힌 [미다지]미+닫+이 문.

⑤ 문이 [다치고]닫+히+고 곰이 우리에 [가철따]갇+혔+다.

⑥ 물을 [무처]묻+혀 [턱빠지]턱+받+이 를 빨았다.

⑦ [마지]맏+이 가 스티커를 [부처요]붙+여요.

4부 소리가 달라지는 글자 쓰기
13회 받침 ㄷ ㅌ과 이 히가 만나 [ㅈ ㅊ]으로 변해요

1 다음 문장을 보고 쓰세요. 받아쓰기할 때 틀릴 것 같은 글자를 잘 보세요.

❶ 해돋이를 봤어요.

❷ 밥을 같이 먹었어요.

❸ 안개가 걷혔어요.

❹ 굳게 닫힌 미닫이문.

❺ 맏이가 붙인 스티커.

❻ 햇볕이 따뜻해요.

❼ 우리에 갇힌 곰.

> ㄷ ㅌ 받침과 이 여 히 혀가 만나는 글자에 주의해요.

❽ 끝이 보이지 않는 줄.

❾ 팥이 들어간 팥빙수.

❿ 초에 불을 붙였어요.

소리가 달라지는 글자 쓰기
13회 받침 ㄷ ㅌ과 이 히가 만나 [ㅈ ㅊ]으로 변해요

1 잘 듣고 받아쓰기한 후 틀린 글자를 고치세요.

4부 소리가 달라지는 글자 쓰기
14회 ㄴ ㄹ, ㄹ ㄴ이 [ㄹ ㄹ]로 변해요

1 밑줄 친 부분에 주의하며 문장을 읽으세요.

관리실에서 안내 방송을 해요.
[괄리실]

전래 동화를 읽어요.
[절래]

전라도 음식은 맛있기로 유명해요.
[절라도]

2 다음 글을 읽고, 맞는 발음에 ○표 하세요.

> ㄴ 받침 뒤에 ㄹ이 오면 ㄴ을 [ㄹ]로 발음합니다.
> 전래[절래]   ㄴ 받침+ㄹ: ㄴ이 [ㄹ]로 변함.

관리실[관니실 / 괄리실]   전라도[전나도 / 절라도]

> ㄴㄹ이 이어진 말은 한자에서 온 말이 많아요.
> 소리가 변해도 쓸 때는 원래 한자의 음대로 써야 해요.

3 [ ] 발음과 낱말의 짜임을 보고, 빈칸에 낱말을 쓰세요.

[날로]난+로   [삼철리]삼+천+리   [할라산]한+라+산

[괄리]관+리   [월래]원+래   [불리]분+리

[열락]연+락   [골란]곤+란   [실랑]신+랑

소리가 달라지는 글자 쓰기
14회 ㄴㄹ, ㄹㄴ이 [ㄹㄹ]로 변해요

1 밑줄 친 부분에 주의하며 문장을 읽으세요.

저녁에 줄넘기를 했어요.
　　　[줄럼끼]

바다에서 물놀이를 했어요.
　　　　　[물로리]

하늘나라에서 온 선녀 이야기를 읽어요.
[하늘라라]

ㄴㄹ 또는 ㄹㄴ을 이어서 발음하기 어려워요. 발음하기 어려운 ㄴㄹ 또는 ㄹㄴ이 왜 한 낱말에 있을까요?
한자 또는 두 낱말이 합쳐져 한 낱말이 되었기 때문이에요. ㄹㄹ로 소리가 변해도 쓸 때는 합쳐지기 전 말대로 ㄴㄹ 또는 ㄹㄴ으로 써야 해요.

2 다음 글을 읽고, 맞는 발음에 ○표 하세요.

> ㄹ 받침 뒤에 ㄴ이 오면 ㄴ을 [ㄹ]로 발음합니다.
> **줄넘기**[줄럼끼]　ㄹ 받침+ㄴ: ㄴ이 [ㄹ]로 변함.

물놀이[문노리 / 물로리]　　**하늘나라**[하는나라 / 하늘라라]

줄과 넘기가 합쳐진 말이 **줄넘기**예요. 물과 놀이가 합쳐져 **물놀이**, 하늘과 나라가 합쳐져 **하늘나라**가 됐어요. 낱말이 합쳐져 소리가 변해도 쓸 때는 원래 낱말대로 써요.

3 [ ] 발음과 낱말의 짜임을 보고, 빈칸에 낱말을 쓰세요.

[일련]일+년
일 년　일 년

[설랄]설+날
설날

[달라라]달+나라
달나라

[별림]별+님
별님

[실래]실+내
실내

[생일랄]생일+날
생일날

4부 소리가 달라지는 글자 쓰기
14회 ㄴ ㄹ, ㄹ ㄴ이 [ㄹ ㄹ]로 변해요

1 다음 문장을 읽고, 밑줄 친 부분을 빈칸에 쓰세요.

❶ 전라도에 계신 할머니께 연락했어요.

❷ 신라 시대 관리들이 입었던 옷.

❸ 원래 대관령은 목장으로 유명해요.

❹ 생일날 달님에게 빌었어요.

❺ 해질녘에 줄넘기를 했어요.

❻ 한라산은 제주도에 있어요.

❼ 실내에 커다란 난로가 있어요.

❽ 종이를 분리해서 버렸어요.

❾ 무궁화 삼천리 화려강산.

❿ 전래 동화에서 하늘나라 이야기를 읽어요.

소리가 달라지는 글자 쓰기
14회 ㄴ ㄹ, ㄹ ㄴ이 [ㄹ ㄹ]로 변해요

1 [ ] 발음과 낱말의 짜임을 보고, 빈칸에 낱말을 쓰세요.

① [물로리]물+놀+이

② [줄럼끼]줄+넘+기

③ [하늘라라]하늘+나라

④ [물랄리]물+난+리

⑤ [해질력]해질+녘

⑥ [대괄령]대+관+령

⑦ [생일랄]생일+날

⑧ [실라]신+라

⑨ [달림]달+님

⑩ [열락]연+락

2 [ ] 발음과 낱말의 짜임을 보고, 빈칸에 낱말을 쓰세요.

① 쓰레기를 잘 [불리]분+리 해서 버려야 해요.

② [절래]전+래 동화에서 두꺼비 [실랑]신+랑 이야기를 읽어요.

③ [날로]난+로 를 틀었더니 [실래]실+내 가 따뜻해졌어요.

4부

소리가 달라지는 글자 쓰기
14회 ㄴ ㄹ, ㄹ ㄴ이 [ㄹ ㄹ]로 변해요

1 다음 문장을 보고 쓰세요. 받아쓰기할 때 틀릴 것 같은 글자를 잘 보세요.

❶ 일 년 만에 연락했다.

❷ 신라 시대 관리.

❸ 전라도 음식이 맛있다.

❹ 한라산과 대관령.

❺ 실내에 난로가 있다.

❻ 물난리가 났다.

❼ 해질녘에 줄넘기를 했다.

❽ 종이를 분리해 버렸다.

❾ 설날이 생일날이다.

❿ 전래 동화를 읽었다.

ㄴ과 ㄹ이 만나는 글자에 주의해요.

소리가 달라지는 글자 쓰기
14회 ㄴㄹ, ㄹㄴ이 [ㄹㄹ]로 변해요

1 잘 듣고 받아쓰기한 후 틀린 글자를 고치세요.

❶ | | ✓ | | ✓ | | | ✓ | | | | | |

❷ | | | ✓ | | ✓ | | | | | | | |

❸ | | | | ✓ | | | ✓ | | | | | |

❹ | | | | | ✓ | | | | | | | |

❺ | | | | ✓ | | | ✓ | | | | | |

❻ | | | | | ✓ | | | | | | | |

❼ | | | | | ✓ | | | | ✓ | | | |

❽ | | | | ✓ | | | ✓ | | | | | |

❾ | | | | ✓ | | | | | | | | |

❿ | | | ✓ | | | ✓ | | | | | | |

4부 소리가 달라지는 글자 쓰기
15회 콧소리 ㄴ ㅁ 앞 ㄱ ㄷ ㅂ이 콧소리 [ㅇ ㄴ ㅁ]으로 변해요 1

1 밑줄 친 부분에 주의하며 문장을 읽으세요.

밥만 먹고 옷을 입는다.
[밤만]　　　　　　[임는다]

막내가 국물을 마신다.
[망내]　　[궁물]

맏며느리가 문을 닫는다.
[만며느리]　　　　　[단는다]

맏며느리는 첫째 아들의 아내를 말해요.

2 끝소리가 어떤 소리로 변하는지 맞는 것에 ○표 하세요.

입는다[임는다]　　**밥만**[밤만]
① 끝소리 ㅂ이 ㄴ ㅁ 앞에서 [ㄴ / ㅁ / ㅇ]으로 변합니다.

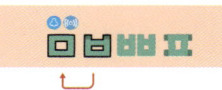

막내[망내]　　**국물**[궁물]
② 끝소리 ㄱ이 ㄴ ㅁ 앞에서 [ㄴ / ㅁ / ㅇ]으로 변합니다.

닫는다[단는다]　　**맏며느리**[만며느리]
③ 끝소리 ㄷ이 ㄴ ㅁ 앞에서 [ㄴ / ㅁ / ㅇ]으로 변합니다.

3 소리가 변하는 ㄱ ㄷ ㅂ 받침에 ○표 하고, 빈칸에 낱말을 쓰세요.

먹는다　　　　받는다　　　　합니다

식물　　　　밥맛　　　　박물관

소리가 달라지는 글자 쓰기
15회 콧소리 ㄴ ㅁ 앞 ㄱ ㄷ ㅂ이 콧소리 [ㅇ ㄴ ㅁ]으로 변해요 1

1 손으로 코를 막고 빨간 글자에 주의하며 읽어 보세요.

첫소리: 그 **느** 드 르 **므** 브 스 으
끝소리: 옥 **은** 옫 올 **음** 읍 **응**

2 다음 글을 읽고, 알맞은 콧소리를 쓰세요.

코로 숨이 나가면서 나는 소리를 **콧소리**라고 합니다. 첫소리에서는 ㄴ ㅁ이 콧소리이고, 끝소리에서는 ㄴ ㅁ ㅇ이 콧소리입니다.

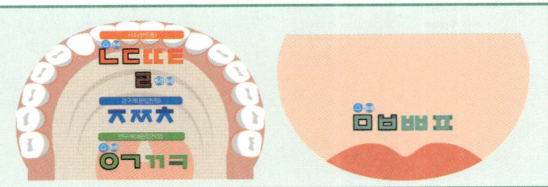

❶ 첫소리 중 콧소리: 　　❷ 끝소리 중 콧소리:

콧소리는 코를 막으면 소리가 잘 안 나와요.
입 모형을 보면 콧소리에는 코 그림()이 있어요.

3 다음 글을 읽고, 알맞은 끝소리를 쓰세요.

코를 막고 거울을 보며 **앙 악** 하고 발음해 보세요.
ㅇ과 ㄱ은 혀가 목구멍을 막으면서 내는 끝소리입니다.

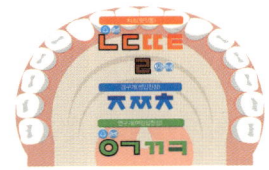

❶ 혀가 목구멍을 막으면서 내는 끝소리: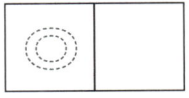

코를 막고 거울을 보며 **안 앋** 하고 발음해 보세요.
ㄴ과 ㄷ은 혀끝을 윗잇몸에 대면서 내는 끝소리입니다.

❷ 혀끝을 윗잇몸에 대면서 내는 끝소리: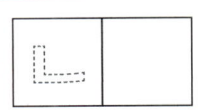

코를 막고 거울을 보며 **암 압** 하고 발음해 보세요.
ㅁ과 ㅂ은 입을 다물면서 내는 끝소리입니다.

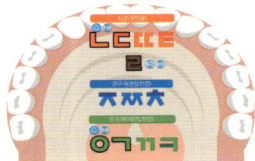

❸ 입을 다물면서 내는 끝소리: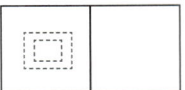

4부 소리가 달라지는 글자 쓰기
15회 콧소리 ㄴ ㅁ 앞 ㄱ ㄷ ㅂ이 콧소리 [ㅇ ㄴ ㅁ]으로 변해요 1

1 끝소리가 어떻게 변하는지 빈칸에 알맞은 자음을 쓰세요.

❶ **막내**[망내]   **국물**[궁물]

끝소리 ㄱ이 콧소리 ㄴ ㅁ 앞에서 콧소리 ◯ 으로 변해요.

❷ **닫는다**[단는다]   **맏며느리**[만며느리]

끝소리 ㄷ이 콧소리 ㄴ ㅁ 앞에서 콧소리 ☐ 으로 변해요.

❸ **입는다**[임는다]   **밥맛**[밤맏]

끝소리 ㅂ이 콧소리 ㄴ ㅁ 앞에서 콧소리 ☐ 으로 변해요.

2 입 모형 그림을 보고, 맞는 발음에 ◯표 하세요.

식물[싱물 / 신물]   **묻는다**[뭉는다 / 문는다]   **합니다**[함니다 / 항니다]

3 다음 문장을 읽고, 밑줄 친 부분을 빈칸에 쓰세요.

❶ <u>식물이</u> 벌레를 <u>잡는다</u>.

❷ <u>새벽녘에</u> 시끄러운 소리가 <u>들립니다</u>.

❸ <u>이튿날</u> 오전에 박물관에 가기로 <u>했습니다</u>.

소리가 달라지는 글자 쓰기
15회 콧소리 ㄴ ㅁ 앞 ㄱ ㄷ ㅂ이 콧소리 [ㅇ ㄴ ㅁ]으로 변해요 1

1 [ ] 발음과 낱말의 짜임을 보고, 빈칸에 알맞은 말을 쓰세요.

❶ 학교에서 수업을 [든는]듣+는 중이다.

❷ [밤마시]밥+맛+이 없어 [중만]죽+만 먹는다.

❸ [이튼날]이틀+날 [방물관]박+물+관 에 갔습니다.

❹ [망내]막+내 가 혼자 옷을 [임는다]입+는다 .

❺ 냉면 [궁물]국+물 을 [마심니다]마십+니다 .

❻ 줄넘기를 [함니다]합+니다 .

❼ 밥을 [멍는데]먹+는데 눈이 [왇씀니다]왔+습+니다 .

4부

소리가 달라지는 글자 쓰기
15회 콧소리 ㄴ ㅁ 앞 ㄱ ㄷ ㅂ이 콧소리 [ㅇ ㄴ ㅁ]으로 변해요 1

1 다음 문장을 보고 쓰세요. 받아쓰기할 때 틀릴 것 같은 글자를 잘 보세요.

❶ 이튿날 박물관에 갔다.

❷ 막내가 옷을 입는다.

❸ 국물을 마십니다.

❹ 밥맛이 없습니다.

❺ 밥 먹는데 눈이 왔다.

❻ 새벽녘에 잠을 깼다.

❼ 맏며느리가 걷는다.

❽ 벌레를 잡는 식물.

❾ 북녘 하늘을 봅니다.

❿ 감사합니다.

ㄴㅁ 앞에서 콧소리로 변하는 ㄱㄷㅂ 받침 글자에 주의해요.

소리가 달라지는 글자 쓰기
15회 콧소리 ㄴ ㅁ 앞 ㄱ ㄷ ㅂ이 콧소리 [ㅇ ㄴ ㅁ]으로 변해요 1

1 잘 듣고 받아쓰기한 후 틀린 글자를 고치세요.

4부 소리가 달라지는 글자 쓰기
16회 콧소리 ㄴ ㅁ 앞 ㄱ ㄷ ㅂ이 콧소리 [ㅇ ㄴ ㅁ]으로 변해요 2

1 밑줄 친 부분에 주의하며 문장을 읽으세요.

<u>앞마당</u>에 문이 <u>없네</u>.
[암마당]　　　[엄네]

눈이 땅을 하얗게 <u>덮는다</u>.
　　　　　　　　[덤는다]

<u>값만</u> 보고 <u>밀짚모자</u>를 샀다.
[감만]　　　[밀찜모자]

2 다음 글을 읽고, 콧소리로 변하는 받침에 ○표 하세요.

> 끝소리 ㅂ은 ㄴ ㅁ 앞에서 [ㅁ]으로 바뀝니다. 받침 ㅍ ㅄ은 [ㅂ]으로 소리 납니다.
> 앞[압] 값[갑] 받침 ㅍ ㅄ은 콧소리 ㄴ ㅁ 앞에서 콧소리 [ㅁ]으로 바뀝니다.
> 없네[업네 → 엄네]　앞마당[압마당 → 암마당]　ㅁ ㅂ ㅃ ㅍ

❶ 콧소리 ㄴ 앞에서 콧소리 ㅁ으로 변하는 끝소리(받침)

값는다　앞날　엎는다　없나　없는데　앞니

❷ 콧소리 ㅁ 앞에서 콧소리 ㅁ으로 변하는 끝소리(받침)

값만　숲만　앞말　밀짚모자　앞마당

3 낱말을 보고 쓰고, 끝소리가 어떻게 변하는지 읽어 보세요.

❶ 덮는 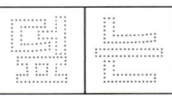 [덥는 → 덤는]　　❷ 값만 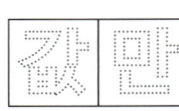 [갑만 → 감만]

❸ 갚는 　　　[갑는 → 감는]　　❹ 없는 　　　[업는 → 엄는]

116

소리가 달라지는 글자 쓰기
16회 콧소리 ㄴ ㅁ 앞 ㄱ ㄷ ㅂ이 콧소리 [ㅇ ㄴ ㅁ]으로 변해요 2

1 밑줄 친 부분에 주의하며 문장을 읽으세요.

부엌문을 깨끗이 닦는다.
[부엉문]　　　　　[당는다]

북녘 사람들 이야기를 읽는다.
[붕녁]　　　　　　　　[잉는다]
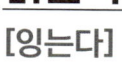

여러 가지 채소를 볶는다.
　　　　　　　　[봉는다]

2 다음 글을 읽고, 콧소리로 변하는 받침에 ○표 하세요.

> 끝소리 ㄱ은 ㄴ ㅁ 앞에서 [ㅇ]으로 바뀝니다. 받침 ㅋ ㄲ ㄺ은 [ㄱ]으로 소리 납니다. 밖[박] 녘[녁] 닭[닥] 받침 ㅋ ㄲ ㄺ은 콧소리 ㄴ ㅁ 앞에서 콧소리 [ㅇ]으로 바뀝니다.
>
> **읽는[익는 → 잉는]**　　　**부엌문[부억문 → 부엉문]**　

❶ 콧소리 ㄴ 앞에서 콧소리 ㅇ으로 변하는 끝소리(받침)

꺾는다　묶는다　섞는다　긁는다　읽니　북녘　새벽녘　

❷ 콧소리 ㅁ 앞에서 콧소리 ㅇ으로 변하는 끝소리(받침)

부엌문　북문　박물관　국물　흙만　흙먼지　닭만　

3 낱말을 보고 쓰고, 끝소리가 어떻게 변하는지 읽어 보세요.

❶ 북녘 　　　 [북녘 → 붕녘]　　❷ 읽는 　　　 [익는 → 잉는]

❸ 묶는 　　　 [묵는 → 뭉는]　　❹ 흙만 　　　 [흑만 → 흥만]

117

4부 소리가 달라지는 글자 쓰기
16회 콧소리 ㄴ ㅁ 앞 ㄱ ㄷ ㅂ이 콧소리 [ㅇ ㄴ ㅁ]으로 변해요 2

1 밑줄 친 부분에 주의하며 문장을 읽으세요.

낱말의 뜻을 사전에서 찾는다.
[난말]　　　　　　　[찬는다]

잇몸이 보이도록 활짝 웃는다.
[인몸]　　　　　　　[운는다]

향기 있는 꽃만 좋아합니다.
　　　　[인는] [꼰만]

2 다음 글을 읽고, 콧소리로 변하는 받침에 ○표 하세요.

> 끝소리 ㄷ은 ㄴ ㅁ 앞에서 [ㄴ]으로 바뀝니다.
> 받침 ㅌ ㅈ ㅊ ㅅ ㅆ은 [ㄷ]으로 소리납니다. 밭[받] 빚[빋] 빛[빋] 빗[빋] 있[읻]
> 받침 ㅌ ㅈ ㅊ ㅅ ㅆ은 콧소리 ㄴ ㅁ 앞에서 콧소리 [ㄴ]으로 바뀝니다.
>
> 있는[읻는 → 인는]　　꽃만[꼳만 → 꼰만]

❶ 콧소리 ㄴ 앞에서 콧소리 ㄴ으로 변하는 끝소리(받침)

웃는다　빛나는　있는　했는데　끝내　찾는다

❷ 콧소리 ㅁ 앞에서 콧소리 ㄴ으로 변하는 끝소리(받침)

낱말　끝말　낮말　거짓말　빗물　시냇물　잇몸　꽃만

3 낱말을 보고 쓰고, 끝소리가 어떻게 변하는지 읽어 보세요.

❶ 웃는 [　][　]　[욷는 → 운는]　　❷ 낱말 [　][　]　[낟말 → 난말]

❸ 찾는 [　][　]　[찯는 → 찬는]　　❹ 끝말 [　][　]　[끋말 → 끈말]

소리가 달라지는 글자 쓰기
16회 콧소리 ㄴ ㅁ 앞 ㄱ ㄷ ㅂ이 콧소리 [ㅇ ㄴ ㅁ]으로 변해요 2

1 [ ] 발음과 낱말의 짜임을 보고, 빈칸에 알맞은 말을 쓰세요.

❶ [천눈]첫+눈 ☐☐ 이 내려 땅을 [덤는다]덮+는다 ☐☐☐ .

❷ 책을 [잉는데]읽+는데 ☐☐☐ 모르는 [난말]낱+말 ☐☐ 이 나왔다.

❸ 끈이 [엄는]없+는 ☐☐ 신발을 [번는다]벗+는다 ☐☐☐ .

❹ 리본이 [인는]있+는 ☐☐ 옷을 [임는다]입+는다 ☐☐☐ .

❺ 나는 [거진말]거짓+말 ☐☐☐ 을 안 [함니다]합+니다 ☐☐☐ .

❻ [암니]앞+니 ☐☐ 빠진 아이가 [운는다]웃+는다 ☐☐☐ .

❼ [검머근]겁+먹+은 ☐☐☐ [얼룽말]얼룩+말 ☐☐☐ 이 도망갑니다.

4부 소리가 달라지는 글자 쓰기
16회 콧소리 ㄴ ㅁ 앞 ㄱ ㄷ ㅂ이 콧소리 [ㅇ ㄴ ㅁ]으로 변해요 2

1 다음 문장을 보고 쓰세요. 받아쓰기할 때 틀릴 것 같은 글자를 잘 보세요.

❶ 부엌문을 닦는다.

❷ 향기 있는 꽃만 찾는다.

❸ 첫눈이 마당을 덮는다.

❹ 앞니 빠진 애가 웃는다.

❺ 끈이 없는 신발.

❻ 거짓말을 안 합니다.

❼ 겁먹은 얼룩말이 뜁니다.

❽ 값만 싸면 사고 싶다.

❾ 앞만 보고 걷는다.

❿ 답이 없는 문제.

ㄴ ㅁ 앞에서 끝소리가 ㄱ ㄷ ㅂ으로 나는 글자에 주의해요.

120

소리가 달라지는 글자 쓰기
16회 콧소리 ㄴ ㅁ 앞 ㄱ ㄷ ㅂ이 콧소리 [ㅇ ㄴ ㅁ]으로 변해요 2

1 잘 듣고 받아쓰기한 후 틀린 글자를 고치세요.

4부 소리가 달라지는 글자 쓰기
17회 끝소리 ㄱ ㄷ ㅂ 뒤에서 첫소리 ㄱ ㄷ ㅂ ㅅ ㅈ이 된소리로 변해요

1 밑줄 친 부분에 주의하며 문장을 읽으세요.

밥그릇이 뜨겁다.
[밥끄륻] [뜨겁따]

앞산이 높게 솟아 있어요.
[압싼] [놉께]

급식에 과일이 없다.
[급씩] [업따]

2 다음 글을 읽고, 문제를 푸세요.

안울림소리 첫소리가 안울림소리 끝소리와 만나면 첫소리는 된소리 [ㄲ ㄸ ㅃ ㅆ ㅉ]으로 변합니다. 끝소리 ㅂ 뒤에 오는 첫소리 ㄱ ㄷ ㅂ ㅅ ㅈ은 된소리 [ㄲ ㄸ ㅃ ㅆ ㅉ]으로 변합니다. 받침 ㅍ ㅄ은 [ㅂ]으로 소리 납니다. 앞[압] 값[갑] 받침 ㅂ ㅍ ㅄ 뒤에 오는 첫소리는 된소리로 변합니다.

안울림소리 끝소리(받침)		안울림소리 첫소리
ㄱ ㄷ ㅂ	+	ㄱ→ㄲ ㄷ→ㄸ ㅂ→ㅃ ㅅ→ㅆ ㅈ→ㅉ

밥그릇[밥끄륻] 없다[업다→업따] 급식[급씩]

▶ 된소리로 변하는 첫소리 ㄱ ㄷ ㅂ ㅅ ㅈ에 ○표 하세요.

업고   껍데기   급식   덥다   잡지   밥그릇
엎자   갚고   덮밥   없고   값도   짚신

3 [ ] 발음과 낱말의 짜임을 보고, 빈칸에 낱말을 쓰세요.

[업따]없+다 [줍짜]줍+자 [놉꼬]높+고

없다 ☐ ☐   줍자 ☐ ☐   높고 ☐ ☐

소리가 달라지는 글자 쓰기
17회 끝소리 ㄱ ㄷ ㅂ 뒤에서 첫소리 ㄱ ㄷ ㅂ ㅅ ㅈ이 된소리로 변해요

1 밑줄 친 부분에 주의하며 문장을 읽으세요.

옥수수 먹고 국수 먹자.
[옥쑤수] [먹꼬] [국쑤] [먹짜]

부엌도 깨끗하게 닦자.
[부억또]   [닥짜]

머리를 묶고 책을 읽자.
        [묵꼬]   [익짜]

2 다음 글을 읽고, 문제를 푸세요.

> 끝소리 ㄱ 뒤에 오는 첫소리 ㄱ ㄷ ㅂ ㅅ ㅈ은 된소리 [ㄲ ㄸ ㅃ ㅆ ㅉ]으로 변합니다. 받침 ㄲ ㅋ ㄺ은 [ㄱ]으로 소리 납니다. 밖[박] 녘[녁] 닭[닥] 받침 ㄱ ㅋ ㄲ ㄺ 뒤에 오는 첫소리는 된소리 [ㄲ ㄸ ㅃ ㅆ ㅉ]으로 변합니다.
>
> 국수[국**쑤**]   부엌도[부억도→부억**또**]
> 읽다[익**다**→익**따**]   닦자[닥**자**→닥**짜**]

▶ 끝소리 [ㄱ] 뒤에서 된소리로 변하는 첫소리 ㄱ ㄷ ㅂ ㅅ ㅈ에 ○표 하세요.

| 작가 | 떡국 | 늑대 | 국수 | 국자 | 식탁보 |
| 흙과 | 묶게 | 깎고 | 낚시 | 읽자 | 부엌도 |

3 [ ] 발음과 낱말의 짜임을 보고, 빈칸에 낱말을 쓰세요.

[떡꾹]떡+국   [깍꼬]깎+고   [익짜]읽+자

떡국 □ □   깎고 □ □   읽자 □ □

4부 소리가 달라지는 글자 쓰기
17회 끝소리 ㄱ ㄷ ㅂ 뒤에서 첫소리 ㄱ ㄷ ㅂ ㅅ ㅈ이 된소리로 변해요

1 밑줄 친 부분에 주의하며 문장을 읽으세요.

돋보기를 받고 껍질을 관찰했다.
[돋뽀기]   [받꼬]   [핻따]

꽃병에 꽃을 꽂자.
[꼳뼝]   [꼳짜]

꽃신을 샀다.
[꼳씬]   [삳따]

2 다음 글을 읽고, 문제를 푸세요.

> 끝소리 ㄷ 뒤에 오는 첫소리 ㄱ ㄷ ㅂ ㅅ ㅈ은 된소리 [ㄲ ㄸ ㅃ ㅆ ㅉ]으로 변합니다. 받침 ㅌ ㅈ ㅊ ㅅ ㅆ은 [ㄷ]으로 소리 납니다. 밭[받] 빚[빋] 빛[빋] 빗[빋] 있[읻] 받침 ㄷ ㅌ ㅈ ㅊ ㅅ ㅆ 뒤에 오는 첫소리는 된소리 [ㄲ ㄸ ㅃ ㅆ ㅉ]으로 변합니다.
>
> 돋보기[돋뽀기]   꽂자[꼳자→꼳짜]   샀다[삳다→삳따]

▶ 끝소리 [ㄷ] 뒤에서 된소리로 변하는 첫소리 ㄱ ㄷ ㅂ ㅅ ㅈ에 ○표 하세요.

숟가락   쓰레받기   돋보기   묻다   싣고   걷자
같다   빗질   찾자   꽃신   있고   햇볕

3 [ ] 발음과 낱말의 짜임을 보고, 빈칸에 낱말을 쓰세요.

[받짜]받+자   [핻따]했+다   [꼳씬]꽃+신
받자 ☐ ☐   했다 ☐ ☐   꽃신 ☐ ☐

소리가 달라지는 글자 쓰기

17회 끝소리 ㄱ ㄷ ㅂ 뒤에서 첫소리 ㄱ ㄷ ㅂ ㅅ ㅈ이 된소리로 변해요

1 [   ] 발음과 낱말의 짜임을 보고, 빈칸에 알맞은 말을 쓰세요.

❶ [국쑤]국수 를 먹고 [숙쩨]숙제 를 했다.

❷ 마이크를 [잡떠니]잡+더니 노래를 [불럳따]불+렀+다 .

❸ 이를 [닥꼬]닦+고 잠을 [잗따]잤+다 .

❹ [낟짬]낮+잠 을 잤더니 잠이 안 [왇따]왔+다 .

❺ 김밥을 예쁜 [접씨]접시 에 [다맏찌]담+았+지 .

❻ [꼳뼝]꽃+병 에 꽃을 [꼳짜]꽃+자 .

❼ [똑빠로]똑+바로 서서 [먿찌게]멋+지게 [걷짜]걷+자 .

125

4부 소리가 달라지는 글자 쓰기
17회 끝소리 ㄱ ㄷ ㅂ 뒤에서 첫소리 ㄱ ㄷ ㅂ ㅅ ㅈ이 된소리로 변해요

1 다음 문장을 보고 쓰세요. 받아쓰기할 때 틀릴 것 같은 글자를 잘 보세요.

❶ 갯벌에서 게를 잡았다.

❷ 젓가락과 숟가락.

❸ 꽃다발을 받았다.

❹ 조개껍데기를 줍자.

❺ 머리 묶고 이를 닦았다.

❻ 약국에서 약을 샀다.

❼ 김밥과 떡볶이를 먹자.

❽ 꼭대기까지 올라갔다.

❾ 이불 덮고 낮잠을 잤다.

❿ 갑자기 북소리가 들렸다.

126

소리가 달라지는 글자 쓰기

17회 끝소리 ㄱ ㄷ ㅂ 뒤에서 첫소리 ㄱ ㄷ ㅂ ㅅ ㅈ이 된소리로 변해요

1 잘 듣고 받아쓰기한 후 틀린 글자를 고치세요.

4부 소리가 달라지는 글자 쓰기
18회 두 말이 합쳐져 된소리가 나도 합쳐지기 전 원래 말대로 써요

1 밑줄 친 부분에 주의하며 문장을 읽으세요.

<u>성격</u>이 좋아 <u>인기</u>가 많다.
[성격]　　　　[인끼]

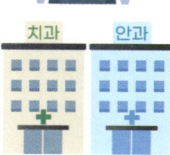

<u>치과</u> 옆에 <u>안과</u>가 있다.
[치꽈]　　　[안꽈]

2 다음 글을 읽고, 문제를 푸세요.

한자를 외울 필요 없어요.

> 모음 ㅇ ㄴ ㄹ 같은 울림소리 뒤에서 ㄱ ㄷ ㅂ을 된소리로 발음하기도 합니다.
> 한자가 합쳐진 말(한자어)은 된소리로 발음하더라도 원래 한자의 음대로 씁니다.
> 치+과[치꽈]　안+과[안꽈]　문+자[문짜]　인+기[인끼]
> 성+격[성격]　출+석[출썩]　철+도[철또]　발+전[발쩐]
> 내과(內科)　외과(外科)　교과서(敎科書)　안과(眼科)　문자(文字)　인기(人氣)
> 발전(發展)　출석(出席)　실수(失手)　철도(鐵道)　성격(性格)　장점(長點)

▶ 울림소리 뒤에서 된소리로 나는 한자어를 빈칸에 쓰세요.

[교꽈서]교+과+서
| 교 | 과 | 서 |

[내꽈]내+과

[외꽈]외+과

[안꽈]안+과

[문짜]문+자

[인끼]인+기

[장쩜]장+점

[성격]성+격

[실쑤]실+수

[철또]철+도

[출썩]출+석

[발쩐]발+전

소리가 달라지는 글자 쓰기
18회 두 말이 합쳐져 된소리가 나도 합쳐지기 전 원래 말대로 써요

1 밑줄 친 부분에 주의하며 문장을 읽으세요.

물병에 물을 담고 보름달을 보았다.
[물뼝]　　　　　　[보름딸]

강가 너머 산불이 났다.
[강까]　　　[산뿔]

2 다음 글을 읽고, 문제를 푸세요.

> ㄴ ㄹ ㅁ ㅇ 같은 울림소리 뒤에서 ㄱ ㄷ ㅂ을 된소리로 발음하기도 합니다.
> 두 낱말이 합쳐진 말은 된소리가 나도 원래 낱말대로 씁니다.
>
> 손+**가**락[손**까**락]　　산+**불**[산**뿔**]　　물+**병**[물**뼝**]　　발+**등**[발**뜽**]
>
> 보름+**달**[보름**딸**]　비빔+**밥**[비빔**빱**]　강+**가**[강**까**]　종+소리[종**쏘**리]

▶ 울림소리(ㄴ ㄹ ㅁ ㅇ) 뒤에서 된소리로 나는 낱말을 빈칸에 쓰세요.

[산뿔]산+불	[손째주]손+재주	[손쑤건]손+수건	
[물껼]물+결	[달삗]달+빛	[밀까루]밀+가루	[발까락]발+가락
[봄삐]봄+비	[밤낄]밤+길	[비빔빱]비빔+밥	
[등뿔]등+불	[용똔]용+돈	[초승딸]초승+달	[빵찝]빵+집

4부 소리가 달라지는 글자 쓰기
18회 두 말이 합쳐져 된소리가 나도 합쳐지기 전 원래 말대로 써요

1 밑줄 친 부분에 주의하며 문장을 읽으세요.

물통에 물을 <u>담습니다</u>.
　　　　　　[담씀니다]

아기를 <u>안고</u> 머리를 <u>쓰다듬습니다</u>.
　　　[안꼬]　　　　[쓰다듬씀니다]

목은 <u>짧지만</u> 어깨는 <u>넓습니다</u>.
　　[짤찌만]　　　　[널씀니다]

2 다음 글을 읽고, 문제를 푸세요.

> 울림소리 ㄴ ㄹ ㅁ으로 끝나는 말에 **고 게 다 도록 지만 습니다** 등이 합쳐지면 된소리로 발음하기도 합니다. 된소리로 발음해도 쓸 때는 합쳐지기 전의 원래 말대로 씁니다.

▶ [　] 발음과 낱말의 짜임을 보고, 빈칸에 낱말을 쓰세요.

[안따]앉+다　　　[안찌만]앉+지만　　　[언씀니다]얹+습+니다

[짤따]짧+다　　　[짤찌만]짧+지만　　　[널씀니다]넓+습+니다

[점꼬]젊+고　　　[굼따]굶+다　　　[굼씀니다]굶+습+니다

[말께]맑+게　　　[삼또록]삶+도록　　　[만씀니다]많+습+니다

소리가 달라지는 글자 쓰기
18회 두 말이 합쳐져 된소리가 나도 합쳐지기 전 원래 말대로 써요

1 다음 글을 읽고, 밑줄 친 부분을 빈칸에 쓰세요.

> 꾸며주는 말 ㄹ 뒤에 오는 **수 줄**은 앞말과 띄어 쓰고 된소리 [쑤] [쭐]로 읽습니다.

❶ 양말을 <u>신을 수</u> 있어요.
　　　[시늘쑤]

❷ 혼자 <u>먹을 수</u> 없어요.
　　　[머글쑤]

❸ 한글을 <u>읽을 줄</u> 알아요.
　　　[일글쭐]

❹ 이렇게 <u>더울 줄</u> 몰랐어요.
　　　[더울쭐]

2 다음 문장에서 된소리로 읽는 **수 줄**을 찾아 ○표 하세요.

❶ 눈물을 참을 ⓢ 없었어요.　　❷ 수영할 줄 알아요.
❸ 받아쓰기를 잘할 수 있어요.　❹ 태권도를 할 줄 몰라요.

3 [ ] 발음과 낱말의 짜임을 보고, 빈칸에 알맞은 말을 쓰세요.

[머글쑤]먹+을+ 수
❶ 혼자서 ☐☐ ☐ 없어요.

[일글쭐]읽+을+ 줄
❷ 한글을 ☐☐ ☐ 압니다.

4부 소리가 달라지는 글자 쓰기
18회 두 말이 합쳐져 된소리가 나도 합쳐지기 전 원래 말대로 써요

1 다음 문장을 보고 쓰세요. 받아쓰기할 때 틀릴 것 같은 글자를 잘 보세요.

❶ 목이 짧고 어깨가 넓다.

❷ 봄비에 산불이 꺼졌다.

❸ 수박이 많습니다.

두 말이 합쳐져 된소리로 발음되는 글자에 주의해요.

❹ 물병에 물을 담습니다.

❺ 손등과 손가락을 긁었다.

❻ 눈을 감고 앉습니다.

❼ 장화를 신고 있습니다.

❽ 치과에 갔다 왔습니다.

❾ 글씨를 쓸 줄 압니다.

❿ 화를 참을 수 없어요.

소리가 달라지는 글자 쓰기

18회 두 말이 합쳐져 된소리가 나도 합쳐지기 전 원래 말대로 써요

1 잘 듣고 받아쓰기한 후 틀린 글자를 고치세요.

4부 소리가 달라지는 글자 쓰기
19회 두 말이 합쳐질 때 소리가 더해지면 사이시옷을 써요

1 밑줄 친 부분에 주의하며 문장을 읽으세요.

어젯밤에 빗소리를 들었어요.
[어젣빰] [빋쏘리]

기찻길 옆에 전봇대가 있어요.
[기찯낄]   [전볻때]

이삿짐을 실은 차가 뒷골목에 서 있어요.
[이삳찜]   [뒫꼴목]

2 다음 글을 읽고, 사이시옷에 ○표 하세요.

> 받침 없는 앞말과 뒷말이 합쳐질 때 뒷말 첫소리(ㄱ ㄷ ㅂ ㅅ ㅈ)가 된소리(ㄲ ㄸ ㅃ ㅆ ㅉ)로 변하면 앞말 아래에 ㅅ을 씁니다. 두 말 사이에 쓰는 ㅅ을 **사이시옷**이라고 합니다.
>
> 기차+길: 기찻길[기찯낄]   전보+대: 전봇대[전볻때]
>
> 비+방울: 빗방울[빋빵울]   비+소리: 빗소리[빋쏘리]
>
> 이사+짐: 이삿짐[이삳찜]   뒤+골목: 뒷골목[뒫꼴목]

바닷가   뒷골목   만둣국   전봇대   햇볕   촛불
뒷산   콧소리   뱃속   햇살   외갓집 이삿짐

3 [ ] 발음과 낱말의 짜임을 보고, 빈칸에 낱말을 쓰세요.

[핻뼏]해+ㅅ+별
햇볕

[바닫까]바다+ㅅ+가
바닷가

소리가 달라지는 글자 쓰기
19회 두 말이 합쳐질 때 소리가 더해지면 사이시옷을 써요

1 밑줄 친 부분에 주의하며 문장을 읽으세요.

옛날에는 **수돗물**이 없었어요.
[옌날]　　　[수돈물]

뒷문으로 나가며 **콧노래**를 불러요.
[뒨문]　　　　　　[콘노래]

콧물을 닦고 **혼잣말**을 해요.
[콘물]　　　　[혼잔말]

2 다음 글을 읽고, 사이시옷에 ○표 하세요.

> 받침 없는 앞말과 ㄴ ㅁ으로 시작되는 뒷말이 합쳐질 때 [ㄴ] 소리가 더해지면 사이시옷을 씁니다. 콧소리 ㄴ ㅁ 앞에서 받침 ㅅ은 [ㄴ] 소리가 됩니다.
>
> 예+날: 옛날[옌날]　　　　　코+노래: 콧노래[콘노래]
>
> 뒤+문: 뒷문[뒨문]　　　　　수도+물: 수돗물[수돈물]
>
> 혼자+말: 혼잣말[혼잔말]

윗니　아랫니　콧날　옛날　뱃노래　콧노래

뒷문　혼잣말　존댓말　콧물　냇물　수돗물

3 [　] 발음과 낱말의 짜임을 보고, 빈칸에 낱말을 쓰세요.

[옌날] 예+ㅅ+날　　　　　　[존댄말] 존대+ㅅ+말

옛날　| 옛 |　|　　　　　존댓말　|　|　|　|

4부 소리가 달라지는 글자 쓰기
19회 두 말이 합쳐질 때 소리가 더해지면 사이시옷을 써요

1 밑줄 친 부분에 주의하며 문장을 읽으세요.

깻잎처럼 생긴 나뭇잎을 봤어요.
[깬닙]　　　　　[나문닙]

한양은 서울의 옛이름이에요.
　　　　　　　　[옌니름]

할머니께서 옛일을 떠올리며 말씀하셨어요.
　　　　　[옌닐]

2 다음 글을 읽고, 사이시옷에 ○표 하세요.

> 받침 없는 앞말과 **이**로 시작되는 뒷말이 합쳐질 때 [ㄴㄴ] 소리가 더해지면 사이시옷을 씁니다. 콧소리 ㄴ 앞에서 받침 ㅅ은 [ㄴ] 소리가 됩니다.
>
> 나무+잎: 나뭇잎[나문닙] 　　깨+잎: 깻잎[깬닙]
>
> 예+이름: 옛이름[옌니름] 　　예+일: 옛일[옌닐]

나뭇잎　깻잎　옛이름　옛일　뒷일　윗입술

3 [　] 발음과 낱말의 짜임을 보고, 빈칸에 낱말을 쓰세요.

[나문닙]나무+ㅅ+잎
나뭇잎 | 뭇 |　|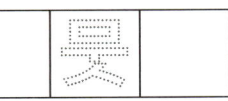

[옌닐]예+ㅅ+일
옛일 |　|　|

[존댄말]존대+ㅅ+말
존댓말 |　|　|

[촏뿔]초+ㅅ+불
촛불 |　|　|

136

소리가 달라지는 글자 쓰기
19회 두 말이 합쳐질 때 소리가 더해지면 사이시옷을 써요

1 [ ] 발음과 낱말의 짜임을 보고, 빈칸에 사이시옷이 들어간 낱말을 쓰세요.

① [윈닙쑬]위+ㅅ+입술 [콘물]코+ㅅ+물
윗입술에 ☐☐이 묻었다.

② [콘노래]코+ㅅ+노래 [바닫까]바다+ㅅ+가
☐☐를 부르며 ☐☐☐를 걸었다.

③ [핻쌀]해+ㅅ+살 [바단물]바다+ㅅ+물
☐☐을 받아 ☐☐☐이 반짝인다.

④ [이삳찜]이사+ㅅ+짐 [혼잗말]혼자+ㅅ+말
☐☐☐을 나르며 ☐☐☐을 한다.

⑤ [만둗꾹]만두+ㅅ+국 [깬닙]깨+ㅅ+잎
☐☐☐과 ☐☐ 김치를 먹었다.

⑥ [뒨문]뒤+ㅅ+문 [뒨모습]뒤+ㅅ+모습
☐☐으로 나가는 ☐☐☐을 봤다.

⑦ [옌날]예+ㅅ+날 [낻까]내+ㅅ+가 [낸물]내+ㅅ+물
☐☐에는 ☐☐에서 ☐☐로 빨래했다.

4부

소리가 달라지는 글자 쓰기
19회 두 말이 합쳐질 때 소리가 더해지면 사이시옷을 써요

1 다음 문장을 보고 쓰세요. 받아쓰기할 때 틀릴 것 같은 글자를 잘 보세요.

❶ 햇살에 반짝이는 바닷물.

❷ 수돗물이 없던 옛날.

❸ 촛불을 켰습니다.

❹ 윗입술에 콧물이 묻었다.

❺ 기찻길 옆 전봇대.

❻ 콧노래를 불렀습니다.

❼ 나뭇잎에 떨어지는 빗물.

❽ 만둣국과 깻잎김치.

❾ 어젯밤부터 콧물이 줄줄.

❿ 뒷문으로 나가는 뒷모습.

소리가 달라지는 글자 쓰기

19회 두 말이 합쳐질 때 소리가 더해지면 사이시옷을 써요

1 잘 듣고 받아쓰기한 후 틀린 글자를 고치세요.

4부 소리가 달라지는 글자 쓰기
20회 받아쓰기 100점 맞기 준비 10가지

앞에서 배운 내용을 정리해 보아요.
받아쓰기는 물론 국어 공부에도 큰 도움이 될 거예요.

> **1** 첫소리, 가운뎃소리(모음)를 정확하게 읽고 소리대로 씁니다.
> 거센소리, 된소리, 이중 모음, ㅐ ㅔ ㅒ ㅖ ㅙ ㅞ ㅚ 등의 모음에 주의해서 읽고 씁니다.

▶ 첫소리와 모음에 주의해서 써야 할 낱말입니다. 낱말을 읽고, 빈칸에 쓰세요.

까마귀   **돼지**   **의사**   **피에로**

메뚜기   **찌개**   **예의**   **코끼리**

> **2** 받침 글자는 받침 뒤에 은 을 이 어 아 등의 모음을 연결해 기억합니다.
> **낟 낱 낫 났 낮 낯**은 모두 [낟]으로 읽습니다. 하지만 **낟알**[나달] **낱을**[나틀] **낫이**[나시] **났어**[나써] **낮은**[나즌] **낯이**[나치]처럼 모음이 연결되면 받침의 원래 소리가 살아납니다. 겹받침 뒤에 모음이 오면 받침 2개가 차례로 발음됩니다.

▶ [ ] 발음을 보고 바르게 읽고, 빈칸에 낱말을 쓰세요.

부엌은[부어큰]   **빛은[비츤]**   **깎은[까끈]**   **닭은[달근]**

짧아요[짤바요]   **젊은[절믄]**   **없어[업써]**   **앉아[안자]**

소리가 달라지는 글자 쓰기
20회 받아쓰기 100점 맞기 준비 10가지

3 두 단모음이 줄어 이중 모음이 됩니다. 지어 치어 찌어가 줄어든 말을 쓸 때는 반드시 져 쳐 쪄로 써야 합니다. 져 쳐 쪄는 [저] [처] [쩌]로 발음합니다.
자음이 줄어 받침이 되기도 합니다. 준말은 줄기 전의 원래 말을 생각합니다.

❶ 모음이나 자음이 줄어든 말에 ○표 하며 읽어 보세요.

지어요→져요   치어요→쳐요   찌어요→쪄요
보아요→봐요   무어라고→뭐라고   싸우어요→싸워요
왜인지→왠지   금시에→금세   어느 사이→어느새
되어요→돼요   가지가지→갖가지   어떻게 해→어떡해

❷ 빈칸에 저 져 처 쳐 중 맞는 글자를 쓰세요.

• ☐녁이 되자 금세 해가 ☐요.

• ☐음으로 창밖을 ☐다봤어요.

> 져요는 지어요가 줄어든 말이고, 쳐다봤어요는 치어다보았어요가 줄어든 말이에요.

4 받침 뒤에 모음이 오면 모음 자리로 받침 소리가 옮겨 가 발음됩니다. ㄷ ㅌ 받침과 이 여가 합쳐지면 [ㅈ] [ㅊ] 소리가 납니다.

▶ 다음 문장을 보고 쓰세요.

해돋이를 봤어요.

☐☐☐☐ ☐☐☐.

감쪽같이 붙여 놓았어.

☐☐☐☐ ☐☐ ☐☐☐.

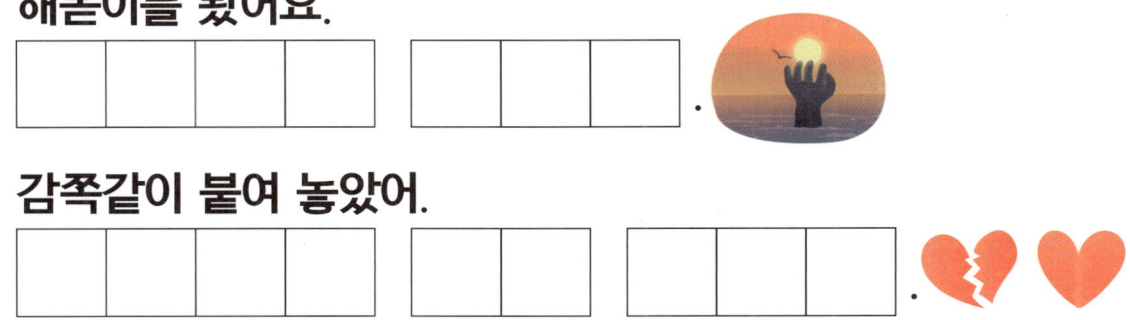

4부 소리가 달라지는 글자 쓰기
20회 받아쓰기 100점 맞기 준비 10가지

5 받침에 쓰는 글자는 27개지만 끝소리는 7개로만 소리 납니다.

끝소리	받침 글자	끝소리	받침 글자
ㄱ	ㄱ ㅋ ㄲ ㄳ ㄺ	ㄴ	ㄴ ㄵ ㄶ
ㄷ	ㅅ ㅆ ㄷ ㅌ ㅈ ㅊ ㅎ	ㄹ	ㄹ ㄼ ㄻ ㄽ ㄾ ㅀ
ㅁ	ㅁ ㄻ	ㅂ	ㅂ ㅍ ㄼ ㅄ ㄿ
ㅇ	ㅇ		

끝소리 ㄱ ㄷ ㅂ 뒤에 오는 ㄱ ㄷ ㅂ ㅅ ㅈ은 된소리(ㄲ ㄸ ㅃ ㅆ ㅉ)로 발음됩니다.

▶ [ ] 발음을 보고 바르게 읽고, 빈칸에 낱말을 쓰세요.

부엌[부억] **낚시[낙씨]** **낮잠[낟짬]** **꽃밭[꼳빧]** **앞산[압싼]** **밧줄[받쭐]**

6 끝소리 ㄱ ㄷ ㅂ 뒤에서 된소리로 발음하는 첫소리는 된소리로 쓰지 않습니다.

❶ [ ] 발음을 보고 낱말을 바르게 읽고, 빈칸에 낱말을 쓰세요.

덮개[덥깨] **어깨** **늑대[늑때]** **한때** **먹보[먹뽀]** **뽀뽀**

낚시[낙씨] **글씨** **덥석[덥썩]** **털썩** **납작[납짝]** **활짝**

❷ ㄱ ㄷ ㅂ 끝소리 뒤에서 된소리로 발음하는 글자에 ○표 하며 읽어 보세요.

이를 닦고 옷을 갈아입었다.
밧줄을 잡고 꼭대기까지 올라갔지.
접시에 있는 떡을 덥석 집었다.

끝소리 ㄱ ㄷ ㅂ 뒤에서 첫소리 ㄱ ㄷ ㅂ ㅅ ㅈ은 된소리로 발음하지만 쓸 때는 된소리로 쓰지 않아요.

소리가 달라지는 글자 쓰기
20회 받아쓰기 100점 맞기 준비 10가지

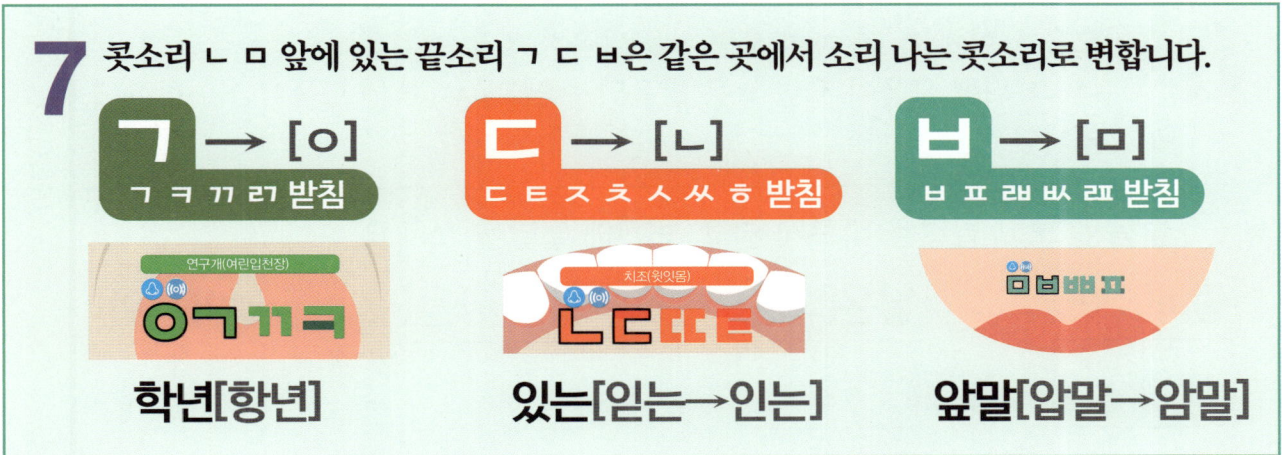

❶ [ ] 발음을 보고 낱말을 바르게 읽고, 빈칸에 낱말을 쓰세요.

먹는[멍는]	읽는[잉는]	박물관[방물관]	부엌문[부엉문]

받는[반는]	끝내[끈내]	낱말[난말]	바닷물[바단물]

갚는[감는]	없네[엄네]	앞마당[암마당]	옆모습[염모습]

❷ ㄴㅁ 앞에서 콧소리 ㄴㅁㅇ으로 변하는 글자에 ◯표 하며 읽어 보세요.

(앞)마당에서 암탉이 알을 (낳)는다.

아무도 **없**는 방에서 책을 **읽**는다.

강물이 바**닷**물과 만**납**니다.

4부 소리가 달라지는 글자 쓰기
20회 받아쓰기 100점 맞기 준비 10가지

8-1 모음 사이에 ㅎ ㄶ ㅀ이 오면 ㅎ을 발음하지 않습니다.
ㄶ ㅀ 뒤에 모음이 오면 ㅎ은 발음되지 않고, ㄴ ㄹ은 모음이 이어받아 소리 냅니다.

▶ [ ] 발음을 보고 낱말을 바르게 읽고, 빈칸에 낱말을 쓰세요.

좋아[조아]   낳은[나은]   쌓을[싸을]   넣어[너어]

찧어[찌어]   놓아[노아]   많은[마는]   않아[아나]

끊을[끄늘]   싫어[시러]   잃어[이러]   옳아[오라]

8-2 ㅎ과 ㄱ ㄷ ㅂ ㅈ 소리가 만나면 [ㅋ] [ㅌ] [ㅍ] [ㅊ] 소리가 됩니다.
ㅎ + ㄱ ㄷ ㅂ ㅈ → [ㅋ] [ㅌ] [ㅍ] [ㅊ]
ㅎ은 모음보다 숨을 많이 내보내며 발음하는 소리입니다.

▶ [ ] 발음과 낱말의 짜임을 보고, 빈칸에 낱말을 쓰세요.

노랗게 국화가 피었다.   [노라케]노랑+게   [구콰]국+화

따뜻해서 좋다.   [따뜨태서]따뜻+해서   [조타]좋+다

생각보다 많지 않다.   [만치]많+지   [안타]않+다

144

소리가 달라지는 글자 쓰기
20회 받아쓰기 100점 맞기 준비 10가지

9 끝소리와 첫소리에 ㄴ ㄹ, 혹은 ㄹ ㄴ이 오면 [ㄹ ㄹ]로 읽습니다.
ㄴ ㄹ 또는 ㄹ ㄴ을 이어 발음하기 어렵기 때문입니다.

▶ [ ] 발음을 보고 낱말을 바르게 읽고, 빈칸에 낱말을 쓰세요.

한라산[할라산]　　**전라도[절라도]**　　**진료실[질료실]**　　**난로[날로]**

달나라[달라라]　　**줄넘기[줄럼끼]**　　**생일날[생일랄]**　　**실내[실래]**

10 말과 말이 합쳐져 소리가 변해도 쓸 때는 합치기 전 원래 말대로 씁니다.
두 말이 합쳐지면서 소리가 더해지면 앞말 아래에 사이시옷을 씁니다.

▶ [ ] 발음과 낱말의 짜임을 보고, 빈칸에 낱말을 쓰세요.

[먿찌다]멋+지다→멋지다　　　[이버]입+어→입어　　　[가치]같+이→같이

[꼰니페]꽃+잎+에→꽃잎에　　[안자]앉+아→앉아　　　[딱쌔]딱+새→딱새

[안토록]않+도록→않도록　　　[마는]많+은→많은　　　[별림]별+님→별님

[나문닙]나무+ㅅ+잎→나뭇잎　[촏뿔]초+ㅅ+불→촛불　　[옌날]예+ㅅ+날→옛날

5부 속담 받아쓰기

　5부에서는 속담을 받아쓰기합니다. 낯선 단어와 비유 표현을 익히며 맞춤법 실력뿐만 아니라 어휘력과 문해력을 기를 수 있습니다. 1회당 속담 10개씩 배웁니다.

　속담에는 낯선 단어와 표현이 많이 나오므로, 10개를 한꺼번에 받아쓰기하지 말고 1개씩 받아쓰기하기를 권합니다. 먼저 그림을 보며 속담의 의미와 속담에 담긴 속뜻을 이해합니다. 속담을 이해하고 난 후 받아쓰기합니다. 처음에는 속담을 1개씩 배우면서 받아쓰기하고, 속담 10개를 다 배운 후에 10개를 한 번에 받아쓰기합니다.

　동영상을 보며 속담을 배우고 받아쓰기를 할 수 있습니다. 유튜브 해랑한국어에서 '속담 받아쓰기'를 검색해 보세요. 애니메이션으로 속담을 재미있게 배우고, 해랑 샘이 받아쓰기를 불러 줍니다.

　받아쓰기 후에는 학습자가 스스로 채점하게 합니다. 왜 틀렸는지 스스로 생각하게 하고, 잘 모르면 해당 학습 내용을 복습하면 좋습니다.

　초등학교 교과서 표기 기준을 참고해서 속담 뒤에 마침표를 쓰지 않았습니다. 문장 뒤에 마침표를 쓰는 것이 원칙이므로 마침표를 써도 됩니다. 문장 부호나 띄어쓰기는 채점하지 않습니다. 띄어쓰기를 너무 무시하면 앞에 있는 띄어쓰기 부분을 복습해서 단어 단위로 띄어 쓴다는 것을 알게 합니다.

　21회부터 28회까지는 네모 칸이 제시됩니다. 29회와 30회에는 줄만 제시됩니다.

잠깐

학습자에게 속담 받아쓰기가 어려울 수 있습니다. 학습자가 잘 틀리는 부분, 이해가 부족한 부분이 무엇인지 관찰하는 데 집중합니다.

학교 받아쓰기는 급수표에 나온 문장을 그대로 받아쓰기합니다. 맞춤법 원리를 확실히 안다면 학교 받아쓰기는 식은 죽 먹기입니다. 급수표를 보고 틀리기 쉬운 부분을 체크하여 연습하면 받아쓰기 100점 맞기 문제 없습니다.

소리 내어 차례를 읽으면서 배운 내용을 생각해 보세요.

1부 소리와 문자 구별
1회 모음은 홀로 나는 소리예요
2회 자음은 모음 없이 소리를 낼 수 없어요

2부 표기와 소리가 일치하는 글자 쓰기
3회 첫소리를 예사소리, 된소리, 거센소리로 구분해서 써요
4회 단모음과 이중 모음을 정확하게 발음하고 써요
5회 끝소리는 [ㄱ ㄴ ㄷ ㄹ ㅁ ㅂ ㅇ] 7개로 소리 나요

3부 표기와 소리가 일치하지 않는 글자 쓰기
6회 받침이 모음으로 넘어가서 소리 나요
7회 ㄱ ㅋ ㄲ 받침은 [ㄱ]으로, ㅂ ㅍ 받침은 [ㅂ]으로 소리 나요
8회 ㄷ ㅌ ㅈ ㅊ 받침이 [ㄷ]으로 소리 나요
9회 ㅅ ㅆ 받침이 [ㄷ]으로 소리 나요
10회 겹받침 뒤에 모음이 오면 두 받침이 차례로 소리 나요

4부 소리가 달라지는 글자 쓰기
11회 ㅎ 받침 소리가 사라져요
12회 ㄱ ㄷ ㅂ ㅈ과 ㅎ이 만나면 [ㅋ ㅌ ㅍ ㅊ]이 돼요
13회 받침 ㄷ ㅌ과 이 히가 만나 [ㅈ ㅊ]으로 변해요
14회 ㄴ ㄹ, ㄹ ㄴ이 [ㄹㄹ]로 변해요
15회 콧소리 ㄴ ㅁ 앞 ㄱ ㄷ ㅂ이 콧소리 [ㅇ ㄴ ㅁ]으로 변해요 1
16회 콧소리 ㄴ ㅁ 앞 ㄱ ㄷ ㅂ이 콧소리 [ㅇ ㄴ ㅁ]으로 변해요 2
17회 끝소리 ㄱ ㄷ ㅂ 뒤에서 첫소리 ㄱ ㄷ ㅂ ㅅ ㅈ이 된소리로 변해요
18회 두 말이 합쳐져 된소리가 나도 합쳐지기 전 원래 말대로 써요
19회 두 말이 합쳐질 때 소리가 더해지면 사이시옷을 써요
20회 받아쓰기 100점 맞기 준비 10가지

5부 속담 받아쓰기
21회 도토리 키 재기 외

❶ 도토리 키 재기
크기가 비슷한 도토리들이 서로 더 크다며 키를 잰다.
[비슷비슷한 사람끼리 서로 다투거나 견줄 필요가 없음.]

❷ 티끌 모아 태산
티끌도 계속 모으면 큰 산이 될 수 있다.
[아무리 작은 것도 계속 모으면 큰 것이 될 수 있음.]

❸ 티끌 속의 구슬
티끌 속에 있는 구슬은 잘 보이지 않는다.
[세상에 알려지지 못한 뛰어난 사람.]

❹ 우물 안 개구리
우물 안에 있는 개구리는 우물 밖 세상을 모른다.
[보고 들은 것이 적어서 세상을 잘 모르는 사람.]

❺ 가재는 게 편
가재는 자기와 비슷한 점이 많은 게의 편을 든다.
[서로 잘 알고 비슷한 사람끼리 어울리고 도와주기 쉬움.]

❻ 바늘 가는 데 실 간다
바늘이 있는 곳에는 실도 같이 있다.
[항상 같이 다닐 정도로 아주 가까운 사이.]

❼ 친구 따라 강남 간다
친구를 따라서 먼 강남까지 같이 간다.
[친구와 무엇이든 함께함. 또는 남이 하니까 따라서 함.]

❽ 빈 수레가 요란하다
비어 있는 수레가 갈 때 시끄러운 소리가 난다.
[잘 모르는 사람이 아는 척하거나 없는 사람이 있는 체함.]

❾ 개천에서 용 난다
작은 물고기들이 사는 개천에서 용이 난다.
[가난하고 어려운 환경에서 훌륭한 사람이 나옴.]

❿ 강 건너 불구경
강 건너에 불이 났어도 걱정 없이 불구경한다.
[어떤 일이 일어났는데 상관없다고 생각해 아무것도 하지 않음.]

21회 속담 받아쓰기

1 이야기를 잘 듣고 띄어쓰기에 유의하며 속담을 받아쓰세요.

❶

❷

❸

❹

❺

❻

❼

❽

❾

❿

2 스스로 채점하고 틀린 글자를 고치세요.

5부 속담 받아쓰기
22회 바람 앞의 등불 외

❶ 바람 앞의 등불
바람 앞의 등불은 꺼지기 쉽다.
[바람 앞의 등불처럼 매우 위험하고 어려운 처지.]

❷ 방귀 뀐 놈이 성낸다
방귀를 뀌어 놓고 사과하지 않고 오히려 화를 낸다.
[잘못한 사람이 반성하지 않고 다른 사람에게 화냄.]

❸ 새 발의 피
새의 발에 있는 피는 아주 적다.
[새 발의 피처럼 아주 적은 양, 또는 아주 하찮은 일.]

❹ 병 주고 약 준다
병이 들게 하고서 병을 고치라고 약을 준다.
[나쁜 일을 해 놓고선 도와주는 척함.]

❺ 언 발에 오줌 누기
얼어 있는 발을 녹이겠다고 오줌을 눈다.
[별 효과도 없고 오히려 더 나빠지도록 일을 처리함.]

❻ 식은 죽 먹기
뜨거운 죽은 먹기 힘들지만 식은 죽은 먹기 쉽다.
[식은 죽을 먹는 것만큼 쉬운 일.]

❼ 누워서 떡 먹기
누워서 떡을 먹는다.
[식은 죽 먹기와 마찬가지로 아주 쉬운 일.]

❽ 땅 짚고 헤엄치기
땅을 짚으며 헤엄치기는 아주 쉽다.
[식은 죽 먹기, 누워서 떡 먹기와 마찬가지로 아주 쉬운 일.]

❾ 산 넘어 산이다
어렵게 산을 넘었는데 또 산이 앞을 막는다.
[어려운 일이 계속 생김.]

❿ 갈수록 태산
가면 갈수록 크고 높은 산이 앞을 가로막는다.
[점점 더 어려운 일들이 생김.]

22회 속담 받아쓰기

1 이야기를 잘 듣고 띄어쓰기에 유의하며 속담을 받아쓰세요.

❶
❷
❸
❹
❺
❻
❼
❽
❾
❿

2 스스로 채점하고 틀린 글자를 고치세요.

5부 속담 받아쓰기
23회 꿩 먹고 알 먹기 외

❶ 꿩 먹고 알 먹기
알을 품고 있는 꿩을 잡아 꿩과 알을 같이 먹는다.
[한 가지 일로 두 가지 이상의 이익을 봄.]

❷ 울며 겨자 먹기
매운 겨자를 울면서 억지로 먹는다.
[하기 싫은 일을 어쩔 수 없이 마지못해 함.]

❸ 고양이가 쥐 생각한다
고양이가 쥐를 잡을 생각하면서 겉으로 위해 주는 척한다.
[속으로는 해칠 생각하면서 겉으로는 위해 주는 척함.]

❹ 고양이 목에 방울 달기
쥐들이 모여 고양이 목에 방울을 달면 좋겠다고 한다.
[실제로 할 수 없는 일을 말로만 얘기함.]

❺ 도둑이 제 발 저린다
도둑이 도둑질한 것을 들킬까 봐 불안해서 발이 저린다.
[잘못을 저지른 사람이 들킬까 봐 마음이 조마조마함.]

❻ 모르는 게 약이다
어떤 일이나 사실은 모르는 편이 나을 때가 있다.
[알아서 안 좋은 일은 차라리 모르는 편이 나음.]

❼ 아는 것이 힘이다
아는 것이 많으면 세상을 사는 데 큰 도움을 받는다.
[세상을 사는 데 필요한 지식을 많이 쌓아야 함.]

❽ 아는 길도 물어 가랬다
잘 아는 길도 물어서 가라고 했다.
[잘 아는 일을 할 때도 조심하고 준비를 잘 해야 함.]

❾ 작은 고추가 더 맵다
작은 고추가 큰 고추보다 더 맵다.
[몸집이 작은 사람이 보기와 다르게 힘이 세거나 일을 잘함.]

❿ 계란으로 바위 치기
계란으로 바위를 아무리 때려도 바위는 끄떡없다.
[맞붙어봐도 도저히 이길 수 없음.]

23회 속담 받아쓰기

1 이야기를 잘 듣고 띄어쓰기에 유의하며 속담을 받아쓰세요.

❶

❷

❸

❹

❺

❻

❼

❽

❾

❿

2 스스로 채점하고 틀린 글자를 고치세요.

5부 속담 받아쓰기
24회 마른 하늘에 날벼락 외

① 마른 하늘에 날벼락
날이 맑은데 갑자기 하늘에서 날벼락이 친다.
[뜻하지 않게 갑자기 닥친 슬프고 안 좋은 일.]

② 약방에 감초
약방에서 감초는 약을 만드는 데 자주 쓰인다.
[어디에나 늘 끼어드는 사람. 또는 꼭 있어야 하는 것.]

③ 개밥에 도토리
개밥에 있는 도토리는 개가 먹지 않아 혼자 남는다.
[다른 사람과 어울리지 못하고 따돌림당하는 사람.]

④ 이미 엎질러진 물이다
이미 엎질러진 물은 다시 담을 수 없다.
[이미 지나간 일은 후회해도 소용없음.]

⑤ 제 눈에 안경
자기 눈에 맞는 안경이 제일 좋은 안경이다.
[남들에게 좋아 보이지 않아도 제 마음에 들면 좋아 보임.]

⑥ 죽도 밥도 안 되다
죽도 아니고, 밥도 아닌 어중간한 요리가 되다.
[어떤 일이 이것도 저것도 아닌 어중간하게 됨.]

⑦ 독 안에 든 쥐
독 안에 갇힌 쥐는 빠져나올 수 없다.
[아무리 애를 써도 어려운 처지에서 빠져나올 길이 없음.]

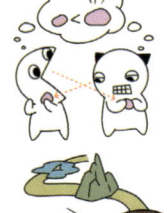
⑧ 남의 떡이 커 보인다
똑같은 떡도 내가 가진 떡보다 남이 가진 떡이 더 커 보인다.
[내 것보다 다른 사람 것이 더 좋아 보임.]

⑨ 고생 끝에 낙이 온다
어렵고 힘든 일이 끝나면 즐거움이 온다.
[어렵고 힘든 일을 겪고 나면 반드시 좋은 일이 생김.]

⑩ 누워서 침 뱉기
누워서 침을 뱉으면 자기 얼굴에 침이 떨어진다.
[남을 해롭게 하려다 도리어 자기가 손해를 봄.]

24회 속담 받아쓰기

1 이야기를 잘 듣고 띄어쓰기에 유의하며 속담을 받아쓰세요.

❶
❷
❸
❹
❺
❻
❼
❽
❾
❿

2 스스로 채점하고 틀린 글자를 고치세요.

5부 속담 받아쓰기
25회 원숭이도 나무에서 떨어진다 외

❶ 원숭이도 나무에서 떨어진다
나무를 아주 잘 타는 원숭이도 나무에서 떨어질 때가 있다.
[아무리 잘하는 사람도 실수할 때가 있음.]

❷ 배보다 배꼽이 더 크다
배보다 배꼽이 더 크게 느껴질 만큼 딸려오는 것이 더 크다.
[중요한 일보다 딸려오는 것에 시간이나 돈을 더 써야 함.]

❸ 손바닥으로 하늘 가리기
작은 손바닥으로 넓은 하늘을 가릴 수는 없다.
[아무리 숨기려 해도 소용없음.]

❹ 까마귀 날자 배 떨어진다
까마귀가 날아오르는 바로 그때 배가 나무에서 떨어진다.
[전혀 상관없는 일이 같이 일어나 억울하게 의심받음.]

❺ 모기 보고 칼 빼기
작은 모기를 잡겠다고 큰 칼을 뺀다.
[작은 일에 쓸데없이 큰 힘을 쓰거나 별일 아닌 일에 크게 화냄.]

❻ 호랑이도 제 말 하면 온다
호랑이 이야기를 하면 호랑이가 온다.
[어떤 사람 이야기를 하는데 그 사람이 나타남.]

❼ 그림의 떡
아무리 먹음직스럽게 보여도 그림 속의 떡을 먹을 수 없다.
[아무리 갖고 싶어도 가질 수 없음.]

❽ 뛰어 봤자 벼룩
작은 벼룩이 뛰어 봤자 멀리 못 간다.
[도망쳐 봤자 멀리 못 가고 곧 잡히게 됨.]

❾ 옷이 날개다
예쁜 옷을 입으면 날개 달린 선녀처럼 예뻐 보인다.
[좋은 옷을 입으면 사람이 잘나 보임.]

❿ 같은 값이면 다홍 치마
같은 값이라면 예쁜 색깔의 다홍 치마를 사는 게 낫다.
[같은 값을 줄 거라면 더 보기 좋은 것을 고름.]

25회 속담 받아쓰기

1 이야기를 잘 듣고 띄어쓰기에 유의하며 속담을 받아쓰세요.

❶

❷

❸

❹

❺

❻

❼

❽

❾

❿

2 스스로 채점하고 틀린 글자를 고치세요.

5부 속담 받아쓰기
26회 모래밭에서 바늘 찾기 외

❶ 모래밭에서 바늘 찾기
넓은 모래밭에서 작은 바늘을 찾기는 아주 어렵다.
[어떤 일을 거의 할 수 없음.]

❷ 세 살 버릇 여든까지 간다
세 살 때 버릇이 여든 살이 될 때까지 고쳐지지 않는다.
[어릴 때 생긴 버릇은 늙어서도 고치기 어려움.]

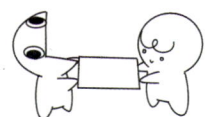
❸ 제 버릇 개 못 준다
자기 버릇을 개한테 주지 못한다.
[한 번 몸에 익힌 나쁜 버릇은 쉽게 고칠 수 없음.]

❹ 백지장도 맞들면 낫다
종이 한 장도 혼자보다 둘이 마주 보며 드는 것이 낫다.
[아주 작은 일도 힘을 모아 함께하면 더 잘할 수 있음.]

❺ 첫술에 배부르랴
처음으로 먹은 한 숟가락에 배가 부르지는 않는다.
[어떤 일이든지 처음부터 만족할 수 없음.]

❻ 시작이 반이다
어떤 일을 시작했다면 반을 한 것이나 마찬가지이다.
[시작하기가 어렵지, 일단 시작하면 끝내기는 어렵지 않음.]

❼ 고양이한테 생선을 맡기다
생선을 잘 먹는 고양이한테 생선을 잘 지키라고 맡기다.
[믿을 수 없는 사람에게 일이나 물건을 맡겨 놓고 걱정함.]

❽ 소 닭 보듯
소와 닭은 서로 관심이 없어 보는 둥 마는 둥 한다.
[서로 관심을 갖지 않고 보는 둥 마는 둥 함.]

❾ 밑 빠진 독에 물 붓기
밑이 빠진 독에 아무리 물을 부어도 물을 채울 수 없다.
[아무리 노력해도 보람이 없음. 또는 쓸 데가 많아 늘 돈이 부족함.]

❿ 지렁이도 밟으면 꿈틀한다
힘없는 지렁이도 밟히면 가만히 있지 않고 꿈틀한다.
[순하고 힘없는 사람도 깔보고 함부로 대하면 가만히 있지 않음.]

26회 속담 받아쓰기

1 이야기를 잘 듣고 띄어쓰기에 유의하며 속담을 받아쓰세요.

❶
❷
❸
❹
❺
❻
❼
❽
❾
❿

2 스스로 채점하고 틀린 글자를 고치세요.

5부 속담 받아쓰기
27회 벼룩의 간을 내먹는다 외

❶ 벼룩의 간을 내먹는다
아주 작은 벼룩에게서 간을 빼내어 먹을 것 같다.
[아주 가난한 사람에게서 뭔가를 뺏거나 이익을 챙기려 함.]

❷ 비 온 뒤 땅이 굳는다
비가 오면 땅이 젖지만 비가 그치면 땅이 단단하게 굳는다.
[사람이 어려운 일을 겪고 나면 더 강해짐.]

❸ 우물에 가 숭늉 찾는다
밥을 하려면 먼저 물을 길어야 하는데, 우물에서 숭늉을 달라고 한다.
[일의 순서를 모르고 급하게 서두르거나 재촉함.]

❹ 매도 먼저 맞는 놈이 낫다
매 맞는 것을 보며 기다리는 것보다 차라리 먼저 맞는 게 낫다.
[어차피 해야 할 일이면 괴롭더라도 먼저 하는 편이 나음.]

❺ 되로 주고 말로 받는다
줄 때는 한 되를 주었는데 받을 때는 열 배인 말로 받는다.
[조금 주고 그 대가로 준 것보다 훨씬 더 많이 받음.]

❻ 믿는 도끼에 발등 찍힌다
나무를 찍을 걸로 믿었던 도끼에게 발등을 찍힌다.
[잘 되리라 믿었던 일이 잘못되거나 믿었던 사람에게 배신당함.]

❼ 핑계 없는 무덤은 없다
왜 죽었는지 물어본다면 무덤에 묻힌 사람들도 다 핑계가 있다.
[어떤 일에도 다 이유가 있음.]

❽ 목마른 놈이 우물 판다
목이 마른 사람은 우물을 파서라도 물을 마시게 된다.
[제일 급하고 일이 필요한 사람이 나서서 그 일을 하게 됨.]

❾ 은혜를 원수로 갚는다
은혜를 베푼 사람에게 은혜를 갚기는커녕 원수로 대한다.
[은혜를 베푼 사람에게 보답하지 않고 도리어 해롭게 함.]

❿ 웃는 얼굴에 침 못 뱉는다
웃는 얼굴로 대하는 사람에게 침을 뱉을 수는 없다.
[친절하고 좋은 얼굴로 대하는 사람에게 나쁘게 대하지 않음.]

27회 속담 받아쓰기

1 이야기를 잘 듣고 띄어쓰기에 유의하며 속담을 받아쓰세요.

❶
❷
❸
❹
❺
❻
❼
❽
❾
❿

2 스스로 채점하고 틀린 글자를 고치세요.

5부 속담 받아쓰기
28회 콩을 팥이라 우긴다 외

❶ 콩을 팥이라 우긴다
콩을 보고 팥이 맞다며 억지를 부린다.
[자기 말이 사실과 맞지 않아도 맞다고 고집부림.]

❷ 등잔 밑이 어둡다
등불을 켜면 등잔 밑은 그림자에 가려 주변보다 어둡다.
[가까이 있는 것을 잘 모르거나 찾지 못함.]

❸ 앓던 이 빠진 것 같다
끙끙 앓게 하던 이가 빠진 것처럼 시원하다.
[걱정거리가 없어져 속이 시원함.]

❹ 소 잃고 외양간 고친다
소를 도둑맞고 나서야 허물어진 외양간을 고친다.
[일이 잘못되고 난 다음에 뒤늦게 바로잡겠다고 함.]

❺ 입에 쓴 약이 병에는 좋다
병을 고치는 좋은 약은 먹을 때 쓰다.
[잘못을 지적하는 말이 듣기에는 안 좋아도 도움이 됨.]

❻ 우는 아이 떡 하나 더 준다
울음을 그치게 하려고 우는 아이에게 떡을 하나 더 준다.
[열심히 나서서 바라는 것을 달라는 사람에게 더 주게 됨.]

❼ 호떡집에 불난 것 같다
호떡집에 불이 나서 사람들이 모여든 것처럼 시끄럽다.
[많은 사람이 모여들거나 시끄럽게 떠들어댐.]

❽ 불난 집에 부채질한다
불이 난 집에 부채질을 해서 불이 더 크게 번지게 한다.
[나쁜 일이 더 커지게 하거나 화난 사람을 더 화나게 함.]

❾ 천 리 길도 한 걸음부터
천 리가 되는 먼 길도 한 걸음을 떼는 것에서 시작된다.
[무슨 일이든 시작이 중요함.]

❿ 발 없는 말이 천 리 간다
사람들이 하는 말에는 발이 없지만 말이 천 리까지 금세 퍼진다.
[소문은 금세 퍼지니까 말을 조심해야 함.]

28회 속담 받아쓰기

1 이야기를 잘 듣고 띄어쓰기에 유의하며 속담을 받아쓰세요.

①

②

③

④

⑤

⑥

⑦

⑧

⑨

⑩

2 스스로 채점하고 틀린 글자를 고치세요.

5부 속담 받아쓰기
29회 수박 겉 핥기 외

❶ 수박 겉 핥기
수박 겉을 핥아서는 수박의 맛을 알 수 없다.
[겉에 드러난 것만 보고 안에 있는 중요한 내용은 모름.]

❷ 개똥도 약에 쓰려면 없다
약에 쓰려고 찾으면 개똥도 보이지 않는다.
[흔한 것도 막상 쓰려고 하면 찾기 어려움.]

❸ 닭 잡아먹고 오리 발 내놓기
닭 주인 허락 없이 닭을 잡아먹고 나서 오리 발을 내놓는다.
[나쁜 짓을 몰래 하고 나서 엉뚱한 짓으로 속이려 함.]

❹ 번갯불에 콩 볶아 먹겠다
아주 짧은 시간에 번쩍이는 번갯불에 콩을 볶아서 먹겠다고 한다.
[행동이 아주 재빠르거나 일을 얼른 끝내려고 서두름.]

❺ 호박이 넝쿨째 굴러 들어온다
호박이 넝쿨째 굴러 들어와서 많은 호박을 얻는다.
[뜻하지 않게 좋은 것을 얻거나 좋은 일이 생김.]

❻ 보기 좋은 떡이 먹기도 좋다
보기에 먹음직스럽게 좋아 보이는 떡이 먹기에도 좋다.
[겉모양을 보기 좋게 꾸미는 것이 필요함.]

❼ 윗물이 맑아야 아랫물도 맑다
물은 위에서 아래로 흐르므로 윗물이 맑아야 아랫물도 맑다.
[윗사람이 바르게 행동해야 아랫사람도 따라서 바르게 행동함.]

❽ 백 번 듣는 것이 한 번 보는 것만 못하다
눈으로 한 번 보는 것이 귀로 백 번 듣는 것보다 낫다.
[듣기만 하는 것보다 직접 봐야 더 확실하게 알 수 있음.]

❾ 미꾸라지 용 됐다
작은 민물고기인 미꾸라지가 커다란 용이 된 것처럼 변했다.
[보잘것없던 사람이 아주 훌륭한 사람이 됨.]

❿ 못된 송아지 엉덩이에 뿔 난다
못된 송아지의 뿔이 머리에서 나지 않고 엉덩이에서 난다.
[못된 사람이 나쁜 짓만 골라서 함.]

29회 속담 받아쓰기

1 이야기를 잘 듣고 띄어쓰기에 유의하며 속담을 받아쓰세요.

❶ _____

❷ _____

❸ _____

❹ _____

❺ _____

❻ _____

❼ _____

❽ _____

❾ _____

❿ _____

2 스스로 채점하고 틀린 글자를 고치세요.

5부 속담 받아쓰기
30회 닭 쫓던 개 지붕 쳐다보듯 외

❶ 닭 쫓던 개 지붕 쳐다보듯
닭이 지붕으로 도망가자 닭을 쫓아가던 개가 지붕만 쳐다본다.
[애써 하던 일이 잘못되어 어떻게 할 수가 없음.]

❷ 소문난 잔치에 먹을 것 없다
큰 잔치가 열릴 것처럼 소문이 나서 가 보니 먹을 것이 없다.
[실제 내용이 소문과 다르거나 소문처럼 대단하지 않음.]

❸ 혹 떼러 갔다 혹 붙여 온다
혹을 떼러 갔다가 혹을 떼기는커녕 혹을 하나 더 붙이고 온다.
[어떤 일을 해결하려고 하다 다른 일까지 떠맡게 됨.]

❹ 낫 놓고 기역자도 모른다
ㄱ을 닮은 낫이 놓여 있는데도 기역자를 모른다.
[글자를 모르거나 아는 것이 거의 없음.]

❺ 오르지 못할 나무는 쳐다보지도 마라
올라갈 수 없는 나무는 오르려 애쓰지 말고 아예 쳐다보지도 마라.
[할 수 없는 일을 욕심내서 하려는 것은 좋지 않음.]

❻ 열 번 찍어 안 넘어가는 나무 없다
도끼로 한두 번 찍어 안 넘어가는 나무도 열 번 찍으면 넘어간다.
[여러 번 계속 노력하면 안 되는 일이 없음.]

❼ 똥 묻은 개가 겨 묻은 개 나무란다
똥이 묻은 개가 겨 묻은 개한테 더럽다고 꾸짖는다.
[큰 잘못을 한 사람이 작은 잘못을 한 사람을 흉봄.]

❽ 뛰는 놈 위에 나는 놈 있다
빨리 뛰는 사람 위에 하늘을 날아가는 사람이 있다.
[재주가 뛰어난 사람이 있는데 그보다 더 뛰어난 재주를 가진 사람이 나타남.]

❾ 가지 많은 나무에 바람 잘 날 없다
가지가 많으면 바람이 조금만 불어도 잎들이 계속 흔들린다.
[자식이 많은 부모는 자식들 걱정을 계속하게 됨.]

❿ 콩 심은 데 콩 나고 팥 심은 데 팥 난다
콩을 심으면 콩이 나고, 팥을 심으면 팥이 난다.
[일의 결과는 일을 어떻게 했느냐에 따라 달라짐.]

30회 속담 받아쓰기

1 이야기를 잘 듣고 띄어쓰기에 유의하며 속담을 받아쓰세요.

❶ _____

❷ _____

❸ _____

❹ _____

❺ _____

❻ _____

❼ _____

❽ _____

❾ _____

❿ _____

2 스스로 채점하고 틀린 글자를 고치세요.

정답

단순히 읽는 문제, 보고 쓰는 문제, 자음이나 모음 또는 음절 글자에 O표 하며 읽는 문제 등은 정답을 제시하지 않았습니다. 6회~19회 받아쓰기 문장은 바로 앞 페이지에 나오는 문장과 같습니다. 6회~19회 받아쓰기 문장은 뒤에 별도로 제시했습니다.

[1부] 소리와 문자 구별

1회 모음은 홀로 나는 소리예요

20쪽 2 [ ]   3 [O]
      [O]   [ ]

21쪽 1 (교차선)

2 ① ⓘ ⓐ 야 ⓔ 여 ⓤ ㅗ ⓜ ㅜ ⓥ ⓗ ⓔ ⓦ ⓥ
  ② [ ]
    [O]

22쪽 1 ㅣ ㅏ ⓕ ㅕ ㅡ ㅗ ⓤ ㅜ ⓥ
      ㅐ ㅔ ⓦ ⓥ
2 [ⓘⓐ ㅓ ㅡ ㅗ ㅜ][ㅡ ㅗ ⓤ ㅣ ㅏ ⓕ]

24쪽 1 ㅗ ㅣ ㅏ ㅣ ㅕ ㅜ
      ㅔ ㅟ ㅠ ㅏ ㅜ
2 [같은 / 다른]
3 이 아 으 오 애 에 여 요

25쪽 1 ㅙ ㅣ ㅚ ㅏ ㅑ ㅜ ㅓ ㅔ ㅏ ㅘ
2 ① ㅣ ㅏ ㅓ ㅡ ㅗ ㅜ ㅐ ㅔ
  ② ㅑ ㅕ ㅛ ㅠ ㅘ ㅝ
3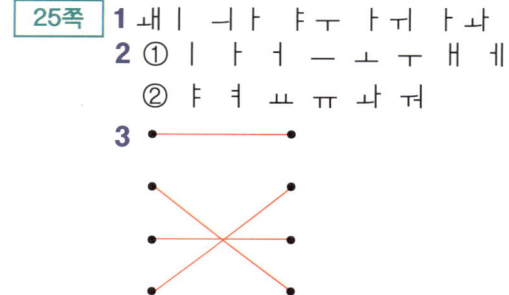

2회 자음은 모음 없이 소리를 낼 수 없어요

26쪽 1 ① [있습니다 / 없습니다]
       ② [있습니다 / 없습니다]
       ③ [자음자 / 모음자]

28쪽 2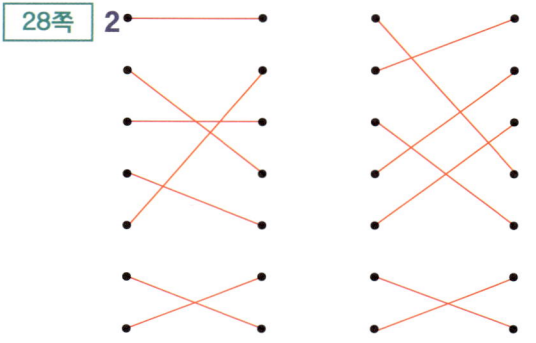

29쪽 1 ㄱㄱ ㄴㄴ ㄷㄷ
        ㄹㄹ ㅁㅁ ㅂㅂ
        ㅅㅅ ㅇㅇ ㅈㅈ
        ㅊㅊ ㅋㅋ ㅌㅌ
        ㅍㅍ ㅎㅎ
2 ㄲ 쌍ㄷㄷ 쌍ㅂㅂ
  쌍ㅅㅅ 쌍ㅈㅈ
3 기역 디귿 시옷

30쪽 1 ㅇ ㅇㄹ ㄱ ㄱㅇ
2 ㅅ ㅅ
  ㅁ ㄱ
3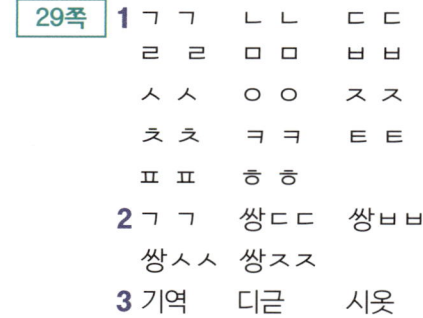
4 산 강 떡 돌 쌀 밤 입

31쪽 1 18
2 7
3 응 행 황 향 힝 행 용
4 (연결선)

[2부] 표기와 소리가 일치하는 글자 쓰기

3회 첫소리를 예사소리, 된소리, 거센소리로 구분해서 써요

34쪽
1. [(모음) / 자음]
2. ㅈ ㅗ ㅈ
   ㅂ ㅏ ㅁ
   ㅈ ㅣ ㅂ
   ㅂ ㅣ ㅅ
   ㅊ ㅏ ㅈ
   ㄱ ㅗ ㅇ

36쪽
1. ① ㄱ ㄷ ㅂ ㅅ ㅈ
   ② ㄲ ㄸ ㅃ ㅆ ㅉ
   ③ ㅋ ㅌ ㅍ ㅊ

37쪽
1. ⓒ끼리 기차 아빠 타조
   아저씨 찌개 버스 까치
   메뚜기 포도 키위 피에로
2. 코ⓒ리 기차 아빠 타조
   아저ⓒ ⓒ개 버스 까ⓒ
   메ⓒ기 포도 키위 피에로
3. 끼 까
   포 뚜
   씨 타
   버 피

38쪽
1. ㅋ ㅌ ㅍ ㅊ
2. 아 하
3. ㄲ ㄸ ㅃ ㅆ ㅉ

39쪽
2. 고 코 꼬
   두 투 뚜
   바 파 빠
   지 치 찌
   시 씨
   아 하

4회 단모음과 이중 모음을 정확하게 발음하고 써요

40쪽
2. ㅑ ㅕ ㅛ
   ㅠ ㅒ ㅖ
   ㅢ ㅟ ㅘ
   ㅝ ㅙ ㅞ

41쪽
1. 하ⓒ 어ⓒ 기ⓒ 애ⓒ
   해ⓒ 서ⓒ 이ⓒ 치ⓒ
2. ㅟ ㅘ ㅙ ㅟ ㅛ
   ㅖ ㅘ ㅟ ㅢ ㅙ
3. 쥐 화 돼
   귀 요 계
   과 위 의

42쪽
1. ①녜 ②봐 ③쥐 ④춰

43쪽
1. ①여 ②셔 ③져 ④쳐 ⑤쪄

44쪽
1. 찌개 지게 시내 그네
   참새 세수 매미 메뚜기
   고래 벌레 해님 헤엄
   가재 제비 배 베짱이
2. 새 메 래
3. ⓒ할머니 스웨터 ⓒ지 회사 돼지
   ⓒ냐하면 ⓒ가리 웬일 훼방 된장
4. 외 웨 돼

45쪽
1. ①게 게 계 ②왠 ③새 ④세

5회 끝소리는 [ㄱㄴㄷㄹㅁㅂㅇ] 7개로 소리 나요

46쪽
1. ㄱ ㄴ ㄷ ㄹ
   ㅁ ㅂ ㅇ
2. ㄱ ㅇ
   ㄴ ㄷ
   ㄹ
   ㅁ ㅂ

47쪽	1 ㅁ ㅂ ㅁ ㅂ
	2 ㄱ ㅇ ㄱ ㅇ
	ㄱ ㅇ ㄱ ㅇ

48쪽	1 ㄴ ㄷ ㄴ ㄷ
	2 ㄹ ㄹ ㄹ ㄹ
	3 ㄴ ㄷ ㄴ ㄷ
	ㄹ ㄹ ㄹ ㄹ

49쪽	1 ② ㄴ ㄹ ㅁ ㅇ
	2 ② ㄱ ㄷ ㅂ

50쪽	2 ㅇㅇㅇ ㅇ ㅇ
	ㄴㄴ ㄴ ㄴ
	ㄹㄹ ㄹ ㄹ
	ㅁㅁㅁ ㅁ ㅁ
	3 난 동 발 밤

51쪽	2 ㄱㄱ ㄱ ㄱ
	ㄷㄱ ㄷ ㄷ
	ㅂ ㅂ ㅂ
	3 집 돋 름 늑
	상 말 만

[3부] 표기와 소리가 일치하지 않는 글자 쓰기

6회 받침이 모음으로 넘어가서 소리 나요

54쪽	3 [ ]
	[○]
	4 ①

55쪽	1 [밥을 먹어. / 바블 머거.]
	2 ① 을 ② 이 ③ 어요 ④ 아요
	⑤ 을 으로 ⑥ 에 을 아요

56쪽	2 ① 으로 을 어요
	② 을 에서 놀아요

57쪽	1 +를 제외하고 검은색 글자로 쓰인 부분을 빈칸에 씁니다.
	예) ① 수박을 먹을
	※ 이와 같은 유형의 정답은 이후 제시하지 않습니다.

58쪽	1 띄어쓰기를 제외하고 낱말을 빈칸에 씁니다.
	예) ① 가위 사러 가게에 가요
	※ 이와 같은 유형의 정답은 이후 제시하지 않습니다.

59쪽	1 58쪽에 있는 문장을 보고 채점하면 됩니다.
	19회까지 받아쓰기 정답은 앞 페이지에 나온 문장과 같습니다. 6회부터 19회까지 받아쓰기 문장은 정답 뒷부분에 한꺼번에 제시했습니다.

7회 ㄱ ㅋ ㄲ 받침은 [ㄱ]으로, ㅂ ㅍ 받침은 [ㅂ]으로 소리 나요

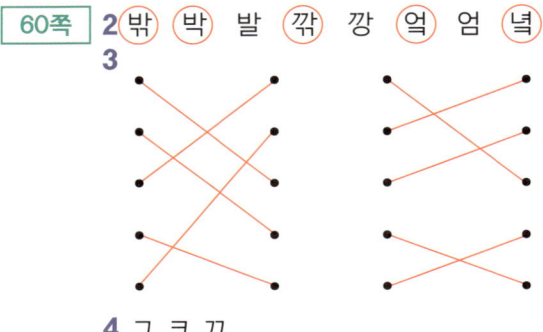

60쪽	2 ⓑ밖 박 발 ⓑ깎 깡 ⓑ억 엄 녁
	4 ㄱ ㅋ ㄲ

61쪽	1 ⓑ부엌 낙서 ⓑ수박 복숭아 ⓑ저녁 ⓑ깍두기 ⓑ억지로 ⓑ낚시 ⓑ창밖 ⓑ볶다 ⓑ동녘 ⓑ깎다
	2 [부어게 / ⓑ부어케] [ⓑ창바끌 / 창바글] [까가요 / ⓑ까까요] [ⓑ무꺼 / 무거]

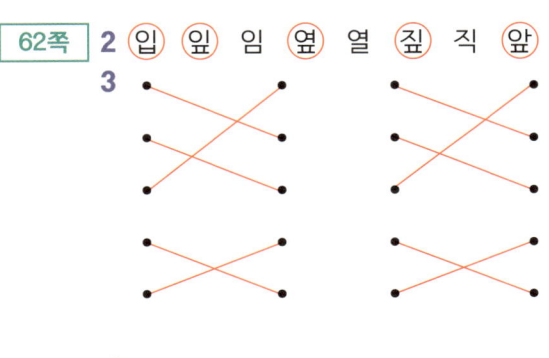

62쪽	2 ⓑ입 ⓑ잎 임 ⓑ옆 열 ⓑ짚 직 ⓑ앞
	4 ㅂ ㅍ

| 63쪽 | 1 (초가집) 지갑 (덥다) 오십 (엽서) (압정) (무릎)
(짚신) (갚다) (덮다) (싶다) (옆집) (앞산) (숲속)
2 [(지플) / 지블] [(아프로) / 아브로]
  [(수피) / 수비] [무르베 / (무르페)]

8회 ㄷ ㅌ ㅈ ㅊ 받침이 [ㄷ]으로 소리 나요

| 66쪽 | 1 [(받) / 반] [(낟) 남] [(꼳) / 꽁]
3 ㄷ ㅌ ㅈ ㅊ

| 67쪽 | 1 [(찯따) / 찯다] [(판삥수) / 판빙수]
[맏장구 / (맏짱구)]
2 팥죽 반지 받다 젖소 쫓기다 침대 돋보기
3 검은색으로 진하게 쓴 낱말에 ○표
연한색 글자는 발음입니다.

| 68쪽 | 1 [(낟) 난] [(빋)/빈] [(낟) / 날]
2 [(파틀) / 파들] [(나제) / 나데] [(꼬츨) / 꼬슬]

| 69쪽 | 1 ㅅ ㅈ ㅊ ㅌ
ㅊ ㅈ ㅌ ㅊ
2 [(소테) / 소세] [꼬슬 / (꼬츨)] [(비치) / 비시]

9회 ㅅ ㅆ 받침이 [ㄷ]으로 소리 나요

| 72쪽 | 1 ② 있 겠
2 [(옫) / 온] [(오슬) / 오들]
[(삳) / 살] [(사써) / 사더]
3 ① 봇 있
② 끗 씻겠

| 73쪽 | 2 [ㅅ / (ㅆ) / ㄷ]
3 ① ㅅ ㅆ ② ㅅ ㅆ

| 74쪽 | 1 ① [(받았다) / 받앗다]
② [(흔들었다) / 흔들엇다]
③ [(하였다) / 하엿다]
④ [(했다) / 햇다]

2 ① 갔 탔
② 왔 봤
③ 췄 셨

| 75쪽 | 1 ① [(재미있다) / 재미잇다]
② [(되겠다) / 되겟다]
③ [(했다) / 햇다]
④ [(먹었다) / 먹엇다]
⑤ [(잤다) / 잣다]
⑥ [셋다 / (셌다)]
2 ① 쐈 ② 쳤
3 ① ㅅ ㅆ ② ㅆ

10회 겹받침 뒤에 모음이 오면 두 받침이 차례로 소리 나요

| 78쪽 | 1 ① ㄱ   ② ㄹ
ㄹ   ㅂ
2 ① [일따 / (익따)] ② [익끼 / (일끼)]
③ [(널따) / 넙따] ④ [발따 / (밥따)]
3 ① ㅁ ② ㄹ ③ ㅂ ④ ㄴ

| 79쪽 | 2 [(닥) / 달] [흘 / (흑)]
[다기 / (달기)] [흐글 / (흘글)]
[(점따) / 절다] [어버 / (업써)]

| 80쪽 | 1 ① 맑 맑 맑 맑
② 읽 읽 읽 읽
③ 밟 밟 밟 밟
④ 닭 닭 닭 닭
⑤ 없 없 없 없
⑥ 앉 앉 앉 앉

171

[4부] 소리가 달라지는 글자 쓰기

11회 ㅎ 받침 소리가 사라져요

86쪽 1 ① 귀여운 인형을 <u>조아해요</u>.
       ② 인형을 바구니에 <u>너어요</u>.
     2 ① [(조아요) / 조하요]
        ② [(너어요) / 너허요]
     3 하마 (닳)을 학교 (놓)아요 (닿)아요
        (좋)아 호수 (쌓)은 (낳)아요 해바라기

87쪽 1 귀(찮)아 (끊)었어 하늘 괜(찮)아요 화가 (싫)었다
        (많)아요 (끓)을 (옳)아 후회 횡단보도 (잃)어버렸다
     2 ① [만하요 / (마나요)]
        ② [실허요 / (시러요)]

12회 ㄱ ㄷ ㅂ ㅈ과 ㅎ이 만나면 [ㅋ ㅌ ㅍ ㅊ]이 돼요

92쪽 1 ① [(하야코) / 하야고] [(까마타) / 까마다]
        ② [(빨가코) / 빨가고] [(노라치) / 노라지]
     2 ① 좋아요 (좋고) (빨갛게) 넣어 (하얗게)
        ② (노랗다) 낳아 (하얗다) (놓도록) (그렇다)
        ③ (노랗지) 낳아 (하얗지) 놓아 (그렇지)

93쪽 1 ① [(귀찬케) / 귀찬게] [(안토록) / 안도록]
        ② [실지만 / (실치만)] [올다고 / (올타고)]

94쪽 1 ① [마녕 / (마텽)] [행보간 / (행보칸)]
        ② [이박 / (이팍)] [(추카해) / 추가해]
     2 ① [따뜨산 / (따뜨탄)] [깨끄사게 / (깨끄타게)]
        ② [(반드타게) / 반드사게]
           [모샏따 / (모탣따)]

13회 받침 ㄷ ㅌ과 이 히가 만나 [ㅈ ㅊ]으로 변해요

98쪽 2 ① [해도디 / (해도지)] [미다디 / (미다지)]
        ② [벼티 / (벼치)]   [부텨 / (부처)]

99쪽 2 ① [다틴다 / (다친다)] [거틴다 / (거친다)]
        ② [가텯따 / (가첟따)] [무텯따 / (무첟따)]

14회 ㄴㄹ, ㄹㄴ이 [ㄹㄹ]로 변해요

104쪽 2 [관니실 / (괄리실)] [전나도 / (절라도)]

105쪽 2 [문노리 / (물로리)] [하는나라 / (하늘라라)]

15회 콧소리 ㄴ ㅁ 앞 ㄱ ㄷ ㅂ이 콧소리 [ㅇ ㄴ ㅁ]으로 변해요 1

110쪽 2 ① [ㄴ / (ㅁ) / ㅇ]
        ② [ㄴ / ㅁ / (ㅇ)]
        ③ [(ㄴ) / ㅁ / ㅇ]
     3 먹는다 받는다 합니다
        식물   밥맛   박물관

111쪽 2 ① ㄴ ㅁ   ② ㄴ ㅁ ㅇ
     3 ① ㅇ ㄱ
        ② ㄴ ㄷ
        ③ ㅁ ㅂ

112쪽 1 ① ㅇ
        ② ㄴ
        ③ ㅁ
     2 [(싱물) / 신물]
        [뭉는다 / (문는다)]
        [(함니다) / 항니다]

16회 콧소리 ㄴ ㅁ 앞 ㄱ ㄷ ㅂ이 콧소리 [ㅇ ㄴ ㅁ]으로 변해요 2

116쪽 2 ① (갚)는다 (앞)날 (없)는다 (없)나 (없)는데 (앞)니
        ② (값)만 (숲)만 (앞)말 밀(짚)모자 (앞)마당

117쪽 2 ① (꺾)는다 (묶)는다 (섞)는다 (긁)는다
        (읽)니 (북)녘 새벽(녘)

② 부엌문 북문 박물관 국물 흙만 흙먼지 닭만

| 118쪽 | 2 | ① 웃는다 빛나는 있는 했는데 끝내 찾는다
② 낱말 끝말 낱말 거짓말 빗물 시냇물 잇몸 꽃만 |

17회 끝소리 ㄱ ㄷ ㅂ 뒤에서 첫소리 ㄱ ㄷ ㅂ ㅅ ㅈ이 된소리로 변해요

| 122쪽 | 2 | 업고 껍데기 급식 덥다 잡지 밥그릇 업자 갚고 덥밥 없고 값도 짚신 |

| 123쪽 | 2 | 작가 떡국 늑대 국수 국자 식탁보 흙과 묶게 깎고 낚시 읽자 부엌도 |

| 124쪽 | 2 | 숟가락 쓰레받기 돋보기 묻다 신고 걷자 같다 빗질 찾자 꽃신 있고 햇볕 |

18회 두 말이 합쳐져 된소리가 나도 합쳐지기 전 원래 말대로 써요

| 131쪽 | 2 | ① 눈물을 참을 수 없었어요.
② 수영할 줄 알아요.
③ 받아쓰기를 잘할 수 있어요.
④ 태권도를 할 줄 몰라요. |

19회 두 말이 합쳐질 때 소리가 더해지면 사이시옷을 써요

| 134쪽 | 2 | 바닷가 뒷골목 만둣국 전봇대 햇볕 촛불 뒷산 콧소리 뱃속 햇살 외갓집 이삿짐
3 햇볕 바닷가 |

| 135쪽 | 2 | 윗니 아랫니 콧날 옛날 뱃노래 콧노래 뒷문 혼잣말 존댓말 콧물 냇물 수돗물
3 옛날 존댓말 |

| 136쪽 | 2 | 나뭇잎 깻잎 옛이름 옛일 뒷일 윗입술
3 나뭇잎 옛일 존댓말 촛불 |

20회 받아쓰기 100점 맞기 준비 10가지

| 141쪽 | 3 | ② 저 져
처 쳐 |

6회~19회 받아쓰기 문장

6회

① 가위 사러 가게에 가요.
② 고래는 바다에서 살아요.
③ 아기가 잠을 자요.
④ 감이 익어 가요.
⑤ 참새가 짹짹 울어요.
⑥ 기린이 깡충 뛰어요.
⑦ 장난감을 가지고 놀아요.
⑧ 서랍에서 옷을 꺼내요.
⑨ 수영복이 몸에 맞아요.
⑩ 숟가락을 가져와요.

7회

① 부엌에서 볶음밥을 해요.
② 쓱싹쓱싹 섞어요.
③ 창밖에 복숭아가 보여요.
④ 손톱을 깎아요.
⑤ 머리를 묶어요.
⑥ 눈앞에 숲이 보여요.
⑦ 헤엄치고 싶어요.
⑧ 짚으로 짚신을 만들어요.
⑨ 무릎에 이불을 덮어요.
⑩ 헝겊으로 만든 지갑.

8회

① 꽃밭에서 꽃이 피어요.
② 꽃을 꽃병에 꽂아요.
③ 숟가락을 받아요.
④ 밤낮으로 밀이 자라요.
⑤ 같은 학교 친구예요.
⑥ 팥으로 만든 팥빙수.
⑦ 돛을 단 배는 돛단배.
⑧ 돋보기로 벚꽃을 봐요.
⑨ 젖소의 젖을 짜요.
⑩ 곧바로 뒤를 쫓아가요.

9회

① 연못에서 헤엄쳤다.
② 물에 빠졌어요.
③ 깨끗이 씻었어.
④ 작은 씨앗을 받았어.
⑤ 잠을 잤어요.
⑥ 예쁜 옷을 입고 웃었다.
⑦ 무엇을 맛있게 먹었어?
⑧ 그릇에 팥죽을 담았다.
⑨ 의사가 되겠다.
⑩ 재미있게 놀았어.

10회

① 공원이 넓어요.
② 닭이 흙을 파헤쳐요.
③ 발로 밟아요.
④ 앉아서 책을 읽어요.
⑤ 맑은 하늘과 붉은 열매.
⑥ 값이 비싸 살 수 없다.
⑦ 젊은 딸과 늙은 엄마.
⑧ 꼬리가 짧은 여덟 마리.
⑨ 밝은 달이 높이 떴다.
⑩ 머리에 손을 얹었다.

11회

① 모래성을 쌓았어요.
② 점잖은 고양이.
③ 길을 잃었어요.
④ 먹지 않아도 괜찮아.
⑤ 먹기 싫어도 먹어야 해.
⑥ 밤하늘에 별이 많아요.
⑦ 무를 넣어 국을 끓였다.
⑧ 손에 닿을 것 같아.
⑨ 기분이 좋아졌어요.
⑩ 밧줄이 끊어졌어요.

12회

① 중학교에 입학한 맏형.
② 길을 잃고 헤맸다.
③ 생각보다 많지 않다.
④ 도둑질은 옳지 않다.
⑤ 생각한 것보다 괜찮다.
⑥ 눈이 하얗게 쌓였다.
⑦ 구슬이 조그맣다.
⑧ 손을 놓지 않도록 해.
⑨ 따뜻해서 좋다.
⑩ 잡히기 싫다.

13회

① 해돋이를 봤어요.
② 밥을 같이 먹었어요.
③ 안개가 걷혔어요.
④ 굳게 닫힌 미닫이문.
⑤ 맏이가 붙인 스티커.
⑥ 햇볕이 따뜻해요.
⑦ 우리에 갇힌 곰.
⑧ 끝이 보이지 않는 줄.
⑨ 팥이 들어간 팥빙수.
⑩ 초에 불을 붙였어요.

6회~19회 받아쓰기 문장

14회

① 일 년 만에 연락했다.
② 신라 시대 관리.
③ 전라도 음식이 맛있다.
④ 한라산과 대관령.
⑤ 실내에 난로가 있다.
⑥ 물난리가 났다.
⑦ 해질녘에 줄넘기를 했다.
⑧ 종이를 분리해 버렸다.
⑨ 설날이 생일날이다.
⑩ 전래 동화를 읽었다.

15회

① 이튿날 박물관에 갔다.
② 막내가 옷을 입는다.
③ 국물을 마십니다.
④ 밥맛이 없습니다.
⑤ 밥 먹는데 눈이 왔다.
⑥ 새벽녘에 잠을 깼다.
⑦ 맏며느리가 걷는다.
⑧ 벌레를 잡는 식물.
⑨ 북녘 하늘을 봅니다.
⑩ 감사합니다.

16회

① 부엌문을 닦는다.
② 향기 있는 꽃만 찾는다.
③ 첫눈이 마당을 덮는다.
④ 앞니 빠진 애가 웃는다.
⑤ 끈이 없는 신발.
⑥ 거짓말을 안 합니다.
⑦ 겁먹은 얼룩말이 뜁니다.
⑧ 값만 싸면 사고 싶다.
⑨ 앞만 보고 걷는다.
⑩ 답이 없는 문제.

17회

① 갯벌에서 게를 잡았다.
② 젓가락과 숟가락.
③ 꽃다발을 받았다.
④ 조개껍데기를 줍자.
⑤ 머리 묶고 이를 닦았다.
⑥ 약국에서 약을 샀다.
⑦ 김밥과 떡볶이를 먹자.
⑧ 꼭대기까지 올라갔다.
⑨ 이불 덮고 낮잠을 잤다.
⑩ 갑자기 북소리가 들렸다.

18회

① 목이 짧고 어깨가 넓다.
② 봄비에 산불이 꺼졌다.
③ 수박이 많습니다.
④ 물병에 물을 담습니다.
⑤ 손등과 손가락을 긁었다.
⑥ 눈을 감고 앉습니다.
⑦ 장화를 신고 있습니다.
⑧ 치과에 갔다 왔습니다.
⑨ 글씨를 쓸 줄 압니다.
⑩ 화를 참을 수 없어요.

19회

① 햇살에 반짝이는 바닷물.
② 수돗물이 없던 옛날.
③ 촛불을 켰습니다.
④ 윗입술에 콧물이 묻었다.
⑤ 기찻길 옆 전봇대.
⑥ 콧노래를 불렀습니다.
⑦ 나뭇잎에 떨어지는 빗물.
⑧ 만둣국과 깻잎김치.
⑨ 어젯밤부터 콧물이 줄줄.
⑩ 뒷문으로 나가는 뒷모습.

21회~30회 속담 받아쓰기

21회 속담 받아쓰기

① 도토리 키 재기

② 티끌 모아 태산

③ 티끌 속의 구슬

④ 우물 안 개구리

⑤ 가재는 게 편

⑥ 바늘 가는 데 실 간다

⑦ 친구 따라 강남 간다

⑧ 빈 수레가 요란하다

⑨ 개천에서 용 난다

⑩ 강 건너 불구경

22회 속담 받아쓰기

① 바람 앞의 등불

② 방귀 뀐 놈이 성낸다

③ 새 발의 피

④ 병 주고 약 준다

⑤ 언 발에 오줌 누기

⑥ 식은 죽 먹기

⑦ 누워서 떡 먹기

⑧ 땅 짚고 헤엄치기

⑨ 산 넘어 산이다

⑩ 갈수록 태산

23회 속담 받아쓰기

① 꿩 먹고 알 먹기

② 울며 겨자 먹기

③ 고양이가 쥐 생각한다

④ 고양이 목에 방울 달기

⑤ 도둑이 제 발 저린다

⑥ 모르는 게 약이다

⑦ 아는 것이 힘이다

⑧ 아는 길도 물어 가랬다

⑨ 작은 고추가 더 맵다

⑩ 계란으로 바위 치기

24회 속담 받아쓰기

① 마른 하늘에 날벼락

② 약방에 감초

③ 개밥에 도토리

④ 이미 엎질러진 물이다

⑤ 제 눈에 안경

⑥ 죽도 밥도 안 되다

⑦ 독 안에 든 쥐

⑧ 남의 떡이 커 보인다

⑨ 고생 끝에 낙이 온다

⑩ 누워서 침 뱉기

21회~30회 속담 받아쓰기

25회 속담 받아쓰기

① 원숭이도 나무에서 떨어진다

② 배보다 배꼽이 더 크다

③ 손바닥으로 하늘 가리기

④ 까마귀 날자 배 떨어진다

⑤ 모기 보고 칼 빼기

⑥ 호랑이도 제 말 하면 온다

⑦ 그림의 떡

⑧ 뛰어 봤자 벼룩

⑨ 옷이 날개다

⑩ 같은 값이면 다홍 치마

26회 속담 받아쓰기

① 모래밭에서 바늘 찾기

② 세 살 버릇 여든까지 간다

③ 제 버릇 개 못 준다

④ 백지장도 맞들면 낫다

⑤ 첫술에 배부르랴

⑥ 시작이 반이다

⑦ 고양이한테 생선을 맡기다

⑧ 소 닭 보듯

⑨ 밑 빠진 독에 물 붓기

⑩ 지렁이도 밟으면 꿈틀한다

27회 속담 받아쓰기

① 벼룩의 간을 내먹는다

② 비 온 뒤 땅이 굳는다

③ 우물에 가 숭늉 찾는다

④ 매도 먼저 맞는 놈이 낫다

⑤ 되로 주고 말로 받는다

⑥ 믿는 도끼에 발등 찍힌다

⑦ 핑계 없는 무덤은 없다

⑧ 목마른 놈이 우물 판다

⑨ 은혜를 원수로 갚는다

⑩ 웃는 얼굴에 침 못 뱉는다

28회 속담 받아쓰기

① 콩을 팥이라 우긴다

② 등잔 밑이 어둡다

③ 앓던 이 빠진 것 같다

④ 소 잃고 외양간 고친다

⑤ 입에 쓴 약이 병에는 좋다

⑥ 우는 아이 떡 하나 더 준다

⑦ 호떡집에 불난 것 같다

⑧ 불난 집에 부채질한다

⑨ 천 리 길도 한 걸음부터

⑩ 발 없는 말이 천 리 간다

21회~30회 속담 받아쓰기

29회 속담 받아쓰기

① 수박 겉 핥기

② 개똥도 약에 쓰려면 없다

③ 닭 잡아먹고 오리 발 내놓기

④ 번갯불에 콩 볶아 먹겠다

⑤ 호박이 넝쿨째 굴러 들어온다

⑥ 보기 좋은 떡이 먹기도 좋다

⑦ 윗물이 맑아야 아랫물도 맑다

⑧ 백 번 듣는 것이 한 번 보는 것만 못하다

⑨ 미꾸라지 용 됐다

⑩ 못된 송아지 엉덩이에 뿔 난다

30회 속담 받아쓰기

① 닭 쫓던 개 지붕 쳐다보듯

② 소문난 잔치에 먹을 것 없다

③ 혹 떼러 갔다 혹 붙여 온다

④ 낫 놓고 기역자도 모른다

⑤ 오르지 못할 나무는 쳐다보지도 마라

⑥ 열 번 찍어 안 넘어가는 나무 없다

⑦ 똥 묻은 개가 겨 묻은 개 나무란다

⑧ 뛰는 놈 위에 나는 놈 있다

⑨ 가지 많은 나무에 바람 잘 날 없다

⑩ 콩 심은 데 콩 나고 팥 심은 데 팥 난다

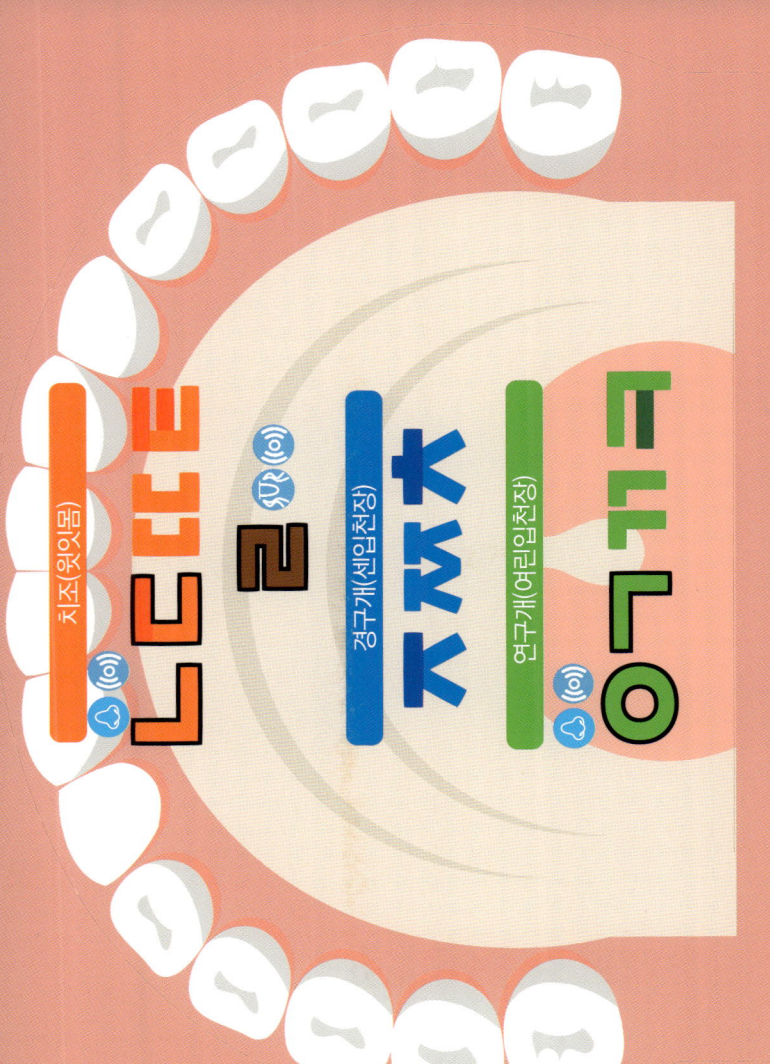
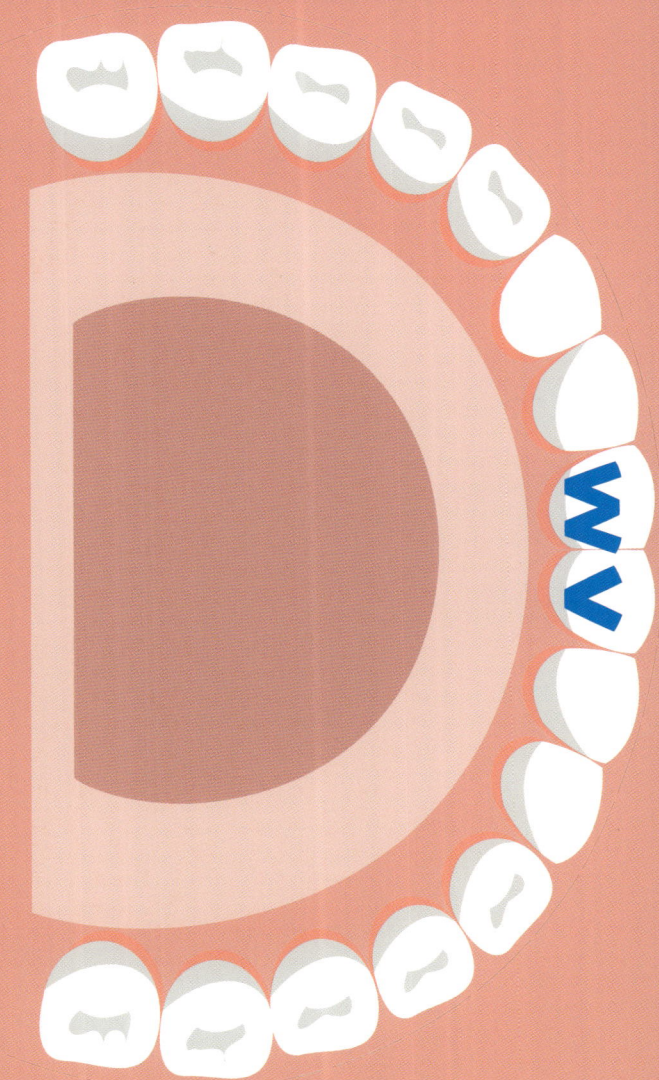

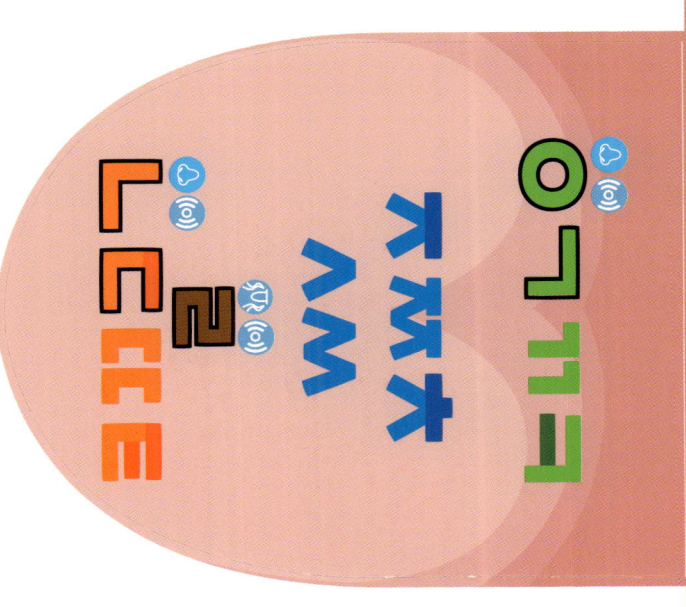

고 ㅃ ㅁ ㅁ

[입 모양 활용법]

각 자음과 모음이 조음점과 특징을 시각적으로 보여주는 입 모형입니다. 입 모형 가운데에 허를 넣어 허를 움직입니다. [입 모형 활용법]의 내모는 원통형으로 만들어 목걸이로 활용합니다.

초성(첫소리) 자음은 18개입니다. 모음을 음절 글자로 쓸 때 초성 자리에 ㅇ을 씁니다.

초성: ㄱㄲㄴㄷㄸㄹㅁㅂㅃ
ㅅㅆㅇㅈㅉㅊㅋㅌㅍㅎ

중성(모음소리) 자음은 7개입니다. 글자로는 받침 27개가 쓰이지만 중성은 7개입니다. 7개 중성음을 나타내는 자음자는 작은 태두리를 넣어 표시했습니다. 유음 ㄹ을 제외한 중성 ㅇㄱ/ㄴㄷ/ㅁㅂ은 비음과 장애음이 적음 이뤄 적힌 곳에서 소리 납니다.

중성: ㅇㄱ ㄴㄷ ㄹ ㅁㅂ

후설 모음
ㅏ ㅜ
ㅓ ㅗ
전설 모음
ㅣ ㅟ
ㅔ ㅚ

해당 모음을 발음할 때 모음이 적힌 부분이 울려남

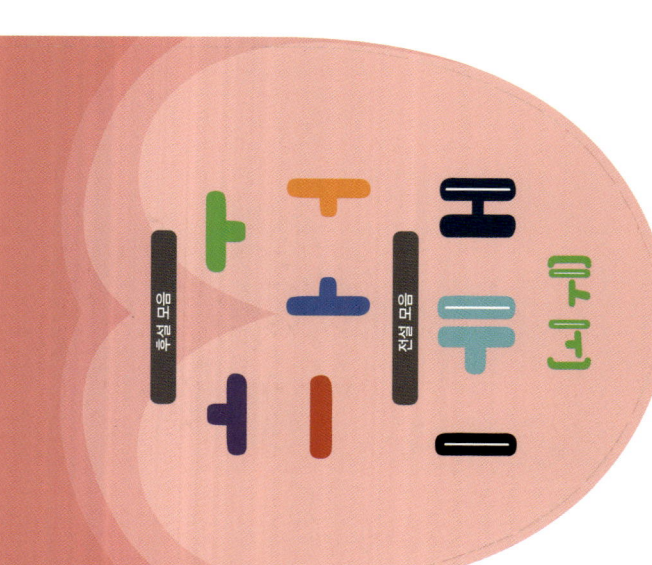

 은 비음(웃음소리),  은 유음(흐름소리)을 나타냅니다.

비음: ㅇㄴㅁ **유음:** ㄹ

 은 공명음(울림소리)을 나타냅니다. 모음은 모두 공명음이고 자음에서는 비음과 유음이 공명음입니다. 유음과 비음을 제외한 나머지 자음은 장애음(안울림소리)입니다.

공명음: ㅇㄴㅁㄹ 모음

각 소리의 조음점과 특징을 알면 음은 현상을 쉽고 명쾌하게 이해할 수 있습니다.